Anke Wiedekind • Georges Morand • Kai Scheunemann

Entfalte dein Potenzial
Das Geheimnis begeisterter Mitarbeiter

W0172452

Anke Wiedekind • Georges Morand • Kai Scheunemann

Entfalte dein Potenzial

Das Geheimnis begeisterter Mitarbeiter

WILLOW CREEK
EDITION
Kirche für Distanzierte

Projektion J Verlag

© 2002 by Gerth Medien GmbH, Asslar
1. Auflage 2002

ISBN 3-89490-429-1

Auf der Grundlage der neuen Rechtschreibregeln.

Umschlaggestaltung: Immanuel Grapentin
Illustrationen: Alexander Wiedekind-Klein
Satz: Die Feder GmbH, Wetzlar
Druck und Verarbeitung: Ebner & Spiegel, Ulm

Inhalt

Vorwort

Sie beginnen gerade, ein Buch über begeisterte Mitarbeiter zu lesen. Wie es in Ihre Hände geraten ist, wissen nur Sie selbst. Vielleicht zufällig. Vielleicht als kleines Geschenk. Vielleicht haben Sie es sich ganz bewusst ausgesucht, weil Sie schon immer mal wissen wollten, wie man das macht: das eigene Potenzial zu entfalten.

Wie auch immer. Stellen Sie sich vor, Sie träumen von Ihrer Gemeinde: Dort werden Sie von strahlenden Menschen empfangen. Es summt und brummt, wo Sie auch hinschauen. Viele Mitarbeiter sind am Werk, und nicht nur das: Sie tun alles voller Fröhlichkeit, mit leuchtenden Augen und brennenden Herzen. Wenn neue Besucher in Ihre Gemeinde kommen, staunen diese darüber, wie viel Ihre Gemeinde auf die Beine stellt, wie effizient sie arbeitet und vor allen Dingen wie freundlich die Mitarbeiter miteinander umgehen, mit wie viel Wertschätzung und Respekt sie einander begegnen und wie liebevoll sie alle Besucher willkommen heißen. Ihre Gemeinde ist ein schöner Ort, ein *wunderbarer* Ort, weil er von wunderbaren Menschen belebt wird. Wäre das nicht himmlisch, ein deutlicher Fingerzeig auf den lebendigen Gott?

Vielleicht geht es Ihnen wie uns und vielen anderen: Solche Träume verflüchtigen sich angesichts der Realität rasch. Fakt ist in vielen Gemeinden: Sie haben zu wenige Mitarbeiter. Von den wenigen ist nur ein geringer Teil wirklich motiviert und engagiert bei der Sache. Die anderen sind lustlos, leisten mehr oder weniger offen Widerstand, wenn Sie versuchen, neue, innovative Ideen einzubringen. Sie investieren viel, eigentlich schon zu viel, und dennoch geht es nicht richtig voran. Und wenn Sie einen Moment innehalten, fragen Sie sich, warum die Arbeit in der Gemeinde eigentlich so mühevoll ist.

Dieses Büchlein will Ihnen Mut machen, Ihren Traum von begeisterten Mitarbeitern trotz Alltagsfrust und Alltagsroutine lebendig zu halten. Begraben Sie ihn auf keinen Fall, egal, ob Sie als Pastor bzw. Hauptamtlicher gegen eine verhärtete Front von Mitarbeitern arbeiten oder als Ehrenamtlicher Mühe haben, Ihren Pastor für Neuerungen zu gewinnen, denn Ihr Traum von Gemeinde ist biblisch. Im 2. Kapitel der Apostelgeschichte wird er beschrieben:

> *»Diese ersten Christen ließen sich regelmäßig von den Aposteln unterrichten und lebten in brüderlicher Gemeinschaft, feierten das Abendmahl und beteten miteinander. [...] Sie lobten Gott und waren im ganzen Volk geachtet und anerkannt. Die Gemeinde wurde mit jedem Tag größer, weil Gott viele Menschen rettete.«[1]*

In diesem Buch werden Sie dem Geheimnis begeisterter Mitarbeiter auf die Spur kommen. Damit das Buch in Ihnen nicht nur ein Strohfeuer auslöst, sondern eine lange wärmende Glut, versuchen wir, drei Dinge zu vermitteln:

▶ *Konkretes Werkzeug*, mit dem Sie arbeiten können: Es handelt sich dabei um das von *Willow Creek* entwickelte D.I.E.N.S.T.-Programm, das Ihnen beim Führen, Fördern und Begleiten von Mitarbeitern so hilfreich ist wie der Löffel beim Essen. Sie werden es in diesem Buch im Rahmen eines Schnupperkurses kennen lernen.

▶ *Werte, Tipps und Erfahrungen:* D.I.E.N.S.T. ist mehr als ein Instrument, es möchte Sichtweisen und Prinzipien prägen bzw. verändern und in Gemeinden einen Paradigmenwechsel auslösen.

▶ *Modelle:* Lassen Sie sich von *Willow Creek*, aber auch von anderen Gemeinden inspirieren, die durch D.I.E.N.S.T. nachhaltige Veränderungen erlebt haben und der Urgemeinde ein ganzes Stück ähnlicher geworden sind.

Der Kirchenvater Augustinus sagte: »Du kannst nur in anderen entzünden, was auch in dir selber brennt.« Wir wünschen Ihnen viel Spaß beim Lesen dieses Buches und hoffen, dass etwas in Ihnen zu brennen beginnt!

Kapitel 1

Das Geheimnis
begeisterter Mitarbeiter

Auf der Suche nach dem Geheimrezept

*M*it motivierten, engagierten, herzlichen Menschen zusammenzuarbeiten, ist ein Genuss! Das ist jedem klar. Doch viele fragen sich, wie man sich ein solches Umfeld schafft und welches Rezept man beachten muss, um aus ganz normalen Menschen strahlende, begeisterte, effektive, liebe-volle Mitarbeiter zu machen. Auf der Suche nach solchen Men-schen stießen die Autoren dieses Buchs auf Willow Creek. Sie er-zählen ganz persönlich, was sie dort erlebt haben und wie dies ihre Sicht von Gemeinde und von Mitarbeit verändert hat.

Kai

Es war ein ganz normaler Samstagmittag. Ich musste für die Kinder kochen, also gingen wir zu McDonald's. Eher zufällig setzte ich mich mit meinen drei Kindern neben einen Vater, der an diesem Tag wohl auch Küchendienst hatte. Schnell stellte sich heraus, dass unsere Kinder in den gleichen Kindergarten gingen, und schon waren wir ins Gespräch vertieft – über die Leiden junger Väter, die Qualität amerikanischer Schnellküchen, über den Kindergarten und unseren Beruf. Als ich erzählte, dass ich einer der vier Pastoren in der evangelischen Kirchengemeinde vor Ort bin, setzte er sich ein wenig gerader hin, änderte unauffällig sein Vokabular, bewegte sich sonst aber recht sicher in diesem von Fettnäpfchen übersäten Gebiet. Lange unterhielten wir uns über die Kirche, letztlich ließ sich das Gespräch aber in dem einen Satz zusammenfassen, den ich schon so oft gehört hatte: »Gott ja, Kirche nein.« Und da ich diesen Satz schon so oft gehört hatte, widersprach ich ihm nicht, sondern bestätigte eher seine 1 000 Anfragen an die Kirche. Waren nicht die meisten von ihnen berechtigt? Und hatte ich nicht die gleichen Probleme mit meiner Kirche?

Erst am Nachmittag überfiel es mich siedend heiß. Ich war auf dem Weg zur Gemeinde und dachte noch einmal über das anregende Gespräch am Mittag nach, als mir auf einmal klar wurde, an was ich mich – und wir uns alle – da gewöhnt haben. Ich habe mich tatsächlich daran gewöhnt, dass Menschen heute mit Kirche nichts mehr anzufangen wissen. Ich habe mich daran gewöhnt, dass die meisten heute unter »Kirche« eine langweilige, irrelevante, unzeitgemäße Veranstaltung verstehen, die nichts, aber auch gar nichts mit ihrem Alltag zu tun hat. Von der sie auch nichts erwarten, außer dass sie in den Schnittpunkten des Lebens – bei Taufe, Konfirmation, Trauung und Beerdigung – verlässlich ihren Dienst versieht. Ich habe mich daran gewöhnt, dass sich kaum Menschen in der Kirche engagieren, dass es den meisten unserer Mitbürger noch nicht einmal in den Sinn kommt, sonntags in die Kirche zu gehen. Mit anderen Worten: Ich habe mich tatsächlich daran gewöhnt, dass es ganz normal ist, wenn Leute sagen: »Gott ja, Kirche nein.«

Aber wie hat sich Gott das eigentlich vorgestellt? Wie hat er sich Kirche vorgestellt, als er sie geschaffen hat? Hat er nicht von der Kirche als »Braut« gesprochen – und gibt es etwas Schöneres auf der Welt als eine Braut? Hat Jesus nicht von uns als »Salz und Licht« in dieser Welt gesprochen, der Gemeinde als gesellschaftsgestaltende und gesellschaftsrelevante Kraft? Als einen Ort, zu dem die Menschen aufsehen, wie zu der Stadt auf dem Berge, ein Ort, der die Gesellschaft verändert wie der Sauerteig den Teig. Sind nicht in den ersten Jahrzehnten nach Pfingsten die Menschen zu Tausenden in die Gemeinden gekommen, weil sie von der Liebe, die diese neuen Gemeinschaften auszeichnete, angezogen wurden? »Seht, wie sie einander lieben« – das war das, was Menschen in Massen in Gottes Nähe zog. Sollte Kirche nicht auch heute noch ein Wegweiser zu Gott sein, nein, vielmehr eine Autobahn zu Gott, und nicht ein Hindernis auf dem Weg zu ihm? Sollte der Satz nicht eigentlich genau umgekehrt lauten: »Kirche ja, aber Gott nein«? Oder konkreter: »Ich finde die Kirche ganz spannend und bin beeindruckt von der Liebe, die unter euch Christen herrscht. Aber Gottes Anspruch an mein Leben ist einfach zu hoch. Ich kann ihm mein Leben noch nicht anvertrauen.« Ist das nicht Gottes Bild von seiner Kirche? Kirche als der relevanteste, spannendste, liebevollste und schönste Ort auf diesem Planeten, der Ort, zu dem Menschen hingezogen werden wie die Motten zum

Ich habe mich tatsächlich daran gewöhnt, dass es ganz normal ist, wenn Leute sagen: »Gott ja, Kirche nein.«

Sollte Kirche nicht auch heute noch ein Wegweiser zu Gott sein, nein, vielmehr eine Autobahn zu Gott und nicht ein Hindernis auf dem Weg zu Gott?

Licht und wo Menschenleben verändert werden, weil sie mit dem lebendigen Gott in Kontakt kommen? Entspricht das nicht eher Gottes Vision von Gemeinde?

Als ich vor genau 10 Jahren zum ersten Mal nach Chicago reiste, um über die *Willow Creek*-Gemeinde meine Diplomarbeit zu schreiben, entdeckte ich kein Geheimrezept und nichts wirklich Überraschendes. Vieles kannte ich bereits aus Gemeindeaufbaubüchern, aus der Apostelgeschichte und vor allem aus meinen Nacht- und Tagträumen von Kirche. Aber genau das war das wirklich Neue: Hier lebte man das, wovon wir nur träumten, diskutierten oder Bücher schrieben. »In Willow Creek setzen sie einfach um, wie ich mir Gemeinde schon immer vorgestellt habe«, diesen Satz habe ich seither von fast jedem *Willow Creek*-Besucher gehört. Und mit der gleichen Radikalität, mit der die Menschen dort ihre Erkenntnisse über moderne sucherorientierte Gottesdienste umsetzten, taten sie dies auch in allen andern Gemeindebereichen – vor allem aber in dem Bereich Mitarbeiterentwicklung. Ja, mich faszinierten die bunten Gottesdienste, die qualitativ hochwertige Musik und die inspirierenden Theaterstücke. Ich war beeindruckt von der Architektur, den Massen und der reibungslosen Organisation dieser Gemeinde. Aber was mich wirklich zutiefst innerlich berührte, waren die liebevoll motivierten Mitarbeiter von *Willow Creek*, die einem auf Schritt und Tritt begegneten, und die leuchtenden Augen all derer, die sich Woche für Woche in diese Gemeinde investierten. Was steckt hinter dieser Leidenschaft der Mitarbeiter?

Nach zehn Jahren, in denen ich mich immer wieder intensiv mit dieser innovativen Gemeinde auseinander gesetzt habe, sind mir

> *»Ich finde die Kirche ganz spannend und bin beeindruckt von der Liebe, die unter euch Christen herrscht. Aber Gottes Anspruch an mein Leben ist einfach zu hoch. Ich kann ihm mein Leben noch nicht anvertrauen.«*

vor allem zwei Faktoren aufgefallen, die die Faszination der Mitarbeitenden in *Willow Creek* für mich erklären.

Das ist zunächst einmal die *klare Vision*, eine Gemeinde zu werden, wie sie in Apostelgeschichte 2 beschrieben wird. *Willow Creek* gibt sich nicht damit zufrieden, dass ihre Gottesdienste die bestbesuchten in den USA sind, auch nicht damit, dass viele Menschen zum Glauben kommen und sich im Schnitt jährlich fast 1 000 Menschen taufen lassen. Auch die steigende Anzahl der Gemeindeglieder spielt keine hervorgehobene Rolle. Es geht in dieser Gemeinde um die volle Hingabe eines jeden Christen an Christus und sein Reich und um das gemeinsame Streben nach Christusähnlichkeit. »To turn irreligious people into fully devoted followers of Christ« (»Dass kirchendistanzierte Menschen in voll hingegebenen Nachfolgern Jesus Christi verwandelt werden«), das ist das gemeinsame Anliegen aller Mitarbeitenden von *Willow Creek* – von den Parkplatzeinweisern, die bei klirrender Kälte oder sengender Hitze die Besucher mit herzlicher Freundlichkeit zu ihren Parkplätzen geleiten, bis hin zu den Musikern und Schauspielern, die ihre beeindruckenden Gaben Gott zur Verfügung stellen. Alle wollen sie mit ihrer Aufgabe das Gleiche erreichen. Und alle sind davon überzeugt, dass Gemeinde das aufregendste Abenteuer dieser Welt ist. Ja, dass Gemeinde das einzige Unternehmen der Welt ist, das das Leben der Menschen positiv verändert – nicht nur für diese Zeit, sondern für die Ewigkeit. Und aus diesem Grund investieren sie ihre besten Kräfte und Gaben in die Gemeinde und leisten in allen Bereichen exzellente Arbeit. Diese Leidenschaft für die Kirche, diese Überzeugung, dass die Kirche die Hoffnung für die Welt ist, ist nicht nur das, was die Mitarbeiterinnen und Mitarbeiter von

> *Es geht in dieser Gemeinde um die volle Hingabe eines jeden Christen an Christus und sein Reich und um das gemeinsame Streben nach Christusähnlichkeit.*

Willow Creek antreibt. Es ist nach meiner Überzeugung auch das Pfund, das *Willow Creek* in die weltweite Christenheit einbringt.

Der zweite Aspekt, der die Begeisterung der *Willow Creek*-Mitarbeiter für ihre Aufgabe erklärt, ist das Mitarbeiterentwicklungsprogramm D.I.E.N.S.T. Mitarbeitergewinnung in *Willow Creek* funktioniert nicht aufgabenorientiert, sondern gabenorientiert. Die interessierten zukünftigen Mitarbeiter werden nicht zuerst einmal mit den zahllosen Aufgaben konfrontiert, die verzweifelt nach jemandem suchen, der sie erledigen könnte (und die gibt es auch dort zuhauf), sondern man fragt immer erst danach, welche Gaben der einzelne potenzielle Mitarbeiter besitzt. Ja, die Verantwortlichen gehen noch weiter und fragen nach ihren Träumen, ihren Neigungen und ihrem Persönlichkeitsstil. Wie D.I.E.N.S.T. im Detail funktioniert, darum geht es in diesem Büchlein. D.I.E.N.S.T. hat mein Leben und das Leben unserer Gemeinde grundlegend verändert. Es kann auch Ihres verändern.

Georges

Mein Schwiegervater kehrte 1987 aus den USA zurück und erzählte mir wundersame Dinge, bei denen mir der Mund offen stehen blieb. Da gab es eine Kirche in einer Sporthalle. Nach dem Basketballturnier wurde per Knopfdruck eine riesige Tribüne mit ein paar Hundert Stühlen ausgefahren und der Gottesdienst begann. Ich war darum so fasziniert, weil ich im typischen »Jugendstunden-Denken« gefangen war. Kirche und Sport finden zu anderen Zeiten, an anderen Orten und mit anderen Leuten statt.

Und da war dieser Pastor, der sich jährlich eine einmonatige Auszeit nahm, irgendwohin verschwand – und in dieser Zeit die Predigtthemen der folgenden elf Monate festlegte und vorbereitete. Obwohl ich damals noch nicht so recht wusste, welche Auswirkungen dies in meinem Leben haben würde, spürte ich Hoffnung: Es musste eine andere Art von Pastorenverständnis geben, als Woche für Woche zur nächsten Predigt zu hetzen.

Von da an las ich alles, was ich über die Willow Creek Community Church in Chicago in die Finger bekam. Ich las, dass Gemeinde ein konstant ansteckender Organismus sein kann. Evangelisation ist nichts, das man an zwei Wochen im Jahr nur unter dem Zeltdach oder im Hallenstadion macht, sondern immer. Die Bücher von und über Willow Creek erzählten von den anderen 50 Wochen, und das sprengte meinen Denkrahmen. Für mich hatten Gemeindearbeit und Evangelisation im Speziellen immer mit Aufwand zu tun gehabt, mit viel Geld und großer Erschöpfung. Für zwei Wochen Zeltevangelisation motivierten wir die Gemeinden in der Region, konzentrierten uns auf Überzeugungsarbeit, auf Zeugnis, auf Output, waren mutiger anzuhören, als wir uns dabei fühlten, hatten Antworten auf nicht-

> *Evangelisation ist nichts, das man an zwei Wochen im Jahr nur unter dem Zeltdach oder im Hallenstadion macht, sondern immer.*

gestellte Fragen. Als Seelsorgeverantwortlicher jubelte ich beim Zählen der 200 Bekehrten, von denen zwei bis drei für unsere Gemeinde absprangen und in die ich investierte, die ich begleitete und heute noch kenne. Und doch kam im Anschluss an solche Veranstaltungen der große Kater – die Ernüchterung der Zahlen – und wir verschwanden als Gemeinde wieder hinter den Kirchentüren.

Ich reiste 1995 zusammen mit einem Mitarbeiter des »Cevi Gossau«, dem Verein, der mich acht Monate später als Mitarbeiterbetreuer anstellte, zum ersten Gemeindebaukongress mit Bill Hybels in der Schweiz. Was sich in mir, still und leise, als Herzensveränderung vollzogen hatte, brach nun durch. Ich hatte schon vorher als Gemeindepastor in Grüningen versucht, die Ideen von *Willow Creek* in die Gemeindeprogramme zu integrieren. Einiges funktionierte auch, aber heute, nach sieben Jahren spüre ich, dass ich damals in erster Linie in die Programme, in die Sache und nicht in die Menschen investierte. Ich hatte damals noch nicht verstanden, wie entscheidend Grundwerte für ein zukunftsgerichtetes und gleichzeitig solides Wachstum sind.

Ich wollte sehen, was hinter den Geschichten von persönlichem und geistlichem Wachstum steht. Ich wollte die Mitarbeiterinnen und Mitarbeiter kennen lernen, die angeblich mit vollem Einsatz ihren Beitrag zum Gemeindebau leisten, während sich bei uns die Kirchen leeren. Die Amerikaner sind doch nicht besser als wir. Was ist das für eine Gemeinde mit 5 500 Mitarbeitern? *Begeisterten* Mitarbeitern! Wie werden diese Frauen und Männer behandelt, dass sie ihren Einsatz als persönlichen Gewinn verstehen?

Im August 1996 landete ich also in Chicago und kam mitten in die Lobpreiszeit des Mittwochabend-Gottesdienstes »New Community« hinein. Ich landete und hob gleich wieder ab. Was ich da zu sehen und zu hören bekam, war mehr, als ich mir vorgestellt hatte. Ich hatte ja so vieles schon gelesen, durchdiskutiert und abgewogen. Aber dann zu sehen, was eine Hundertschaft von Mitarbeiterinnen und Mitarbeitern, die vom Heiligen Geist ergriffen und ausgerüstet sind, die einander in unmissverständlicher Verbindlichkeit zugewandt und mit Leib und Seele einem gemeinsamen Auftrag verpflichtet sind, in Bewegung setzen können – das war zu viel. Mich faszinierte die Art und Weise, wie sie in einem Maße, das absolut nicht meiner Vorstellung vom amerikanischen »Hello, my friend« entsprach, ihr Interesse an meiner Person bekundeten. Unaufdringlich, aber mir offen und ehrlich zugewandt, sei es auf dem Parkplatz, beim Eingang oder an der Kasse im kircheneigenen Restaurant.

Dieses und weitere Erlebnisse durchbrachen die Schale meines Gemeindebauverständnisses und meines Fachwissens als Pastor. Ich spürte, wie ich auf einmal ganz persönlich bewegt und in meinem innersten Kern berührt wurde. Inmitten einer riesigen Kongressteilnehmerschaft fühlte ich *mich* gemeint, mich ganz persönlich, als Mann, als Ich. Ich konnte wieder weinen, um und für die Gemeinde, um Menschen, denen ich eine Begegnung mit Gott wünschte. Über mich. Und ich fühlte dabei, wie die Grenzen zwischen mir und den »Seekers«, wie kirchendistanzierte Menschen in *Willow* liebevoll genannt werden, verwischten.

Das praktische Miterleben der Gemeindebaupraxis in *Willow Creek* veränderte meine Haltung gegenüber Mitarbeiterinnen und Mitarbeitern. In Chicago konnte ich beobachten, dass sich Mitarbeiter in einem Klima der Wertschätzung, Wärme und Ermöglichung bewegen. Jeder Dienst und jede Aufgabe verherrlichen Gott. Von diesem Grundsatz der Gleichwertigkeit sind die Mitarbeiter felsenfest überzeugt; es gibt keinen Unterschied zwischen einem Sologesang auf der Bühne und dem Reinigen der Eingangstüren.

In Chicago konnte ich beobachten, dass sich Mitarbeiter in einem Klima der Wertschätzung, Wärme und Ermöglichung bewegen. Jeder Dienst und jede Aufgabe verherrlichen Gott.

Menschen werden nicht in eine Aufgabe hineingenötigt, sondern arbeiten an einem Platz, der ihren Gaben, Fähigkeiten und

Interessen entspricht – weil er mit ihnen zusammen gefunden wurde. Am meisten hallt mir das dankbare Feiern der Mitarbeiter in den Ohren nach. Diese Männer und Frauen werden nicht einfach nur gelobt. Es wird begeistert gefeiert, dass sie dabei sind, als Frauen und Männer, als Einzelpersonen, als Teil der Gemeinschaft.

Ein solches Fest sieht beispielsweise folgendermaßen aus: Auf dem Parkplatz ist fröhliche Musik zu hören. Erstaunte Mitarbeiterinnen und Mitarbeiter schreiten auf einem bis weit vor die Kirche ausgelegten roten Teppich. An diesem Tag stehen sie ganz im Mittelpunkt. Die ihnen entgegengebrachte Wertschätzung löst eine seltene Intensität in der Anbetung aus, eine Hingabe an den Gott, dem sie gemeinsam dienen. Im Zeugnisteil kommen Menschen zu Wort, die sonst eher am Rande des Geschehens stehen. Die Frau vom Pizzastand, die gerade in der Familie etwas Schweres durchgemacht hat. Der Mann, der gerade versucht, in einer Kleingruppe für Geschiedene sein Leben in Ordnung zu bringen. In der Predigt geht es um die 5 Gs und sie ist Motivation pur. Alle wissen genau, in welch großartigem Bauwerk Gottes sie eingesetzt sind – und wo! Es sind keine pompösen Feiern, es wird kein Champagner gereicht, und doch fühlen sich die Ehrenamtlichen wie Töchter und Söhne des Königs gefeiert. Es geht zuerst um sie und erst dann um den Dienst. Das läuft in den Teams genau so wie im Gottesdienst: Die Gemeinschaft und die Freude aneinander haben den gleich hohen Stellenwert wie die gemeinsam zu lösende Aufgabe.

Natürlich gibt es auch festgesteckte Ziele und Vereinbarungen – aber genauso wichtig ist das Denken in Möglichkeiten. So entsteht Raum für Experimente und Grenzerweiterungen. Dabei werden sicherlich auch Fehler begangen; sie werden gewissermaßen sogar provoziert. Mich faszinieren die Feedbackrunden: Erfahrungen werden glasklar ausgewertet. Konsequenzen werden gezogen. Nichts Neues eigentlich, aber die Sensation liegt woanders: Ziel jeder Kritik und jedes Lobes sind das persönliche Wachstum, die Stärkung des Teams und die Optimierung der Art und Weise, wie ihre Aufträge erledigt werden können. Und zwar in dieser Reihenfolge! Keine der uns so bekannten »Du hast es gut gemacht«-Sätze, die ungenau sind und die Leistung höher bewerten als den Menschen. Was mich so gepackt hat und mich eine ganz neue Dimension gegenseitigen Wachstums erfahren ließ, war das Sehen und Hören von Erfahrungen. Wie beispielsweise die 74-jährige Schweizerin, die schon seit Jahrzehnten in Amerika wohnt und mir in jenem mexikanischen Restaurant gegenübersaß. »Ich habe mir überlegt, wo ich meinen Lebensabend verbringen will, ob in Amerika oder der Schweiz, wo all meine Verwandten wohnen, wo die soziale Sicherheit, die Altersfürsorge attraktiver sind. Aber ich werde nicht in die Schweiz zurückkehren. Wegen meiner Kirche.« Solche Geschichten berühren mich. Welch eine hohe Anziehungskraft muss diese Kirche haben, dass man wegen ihr nicht wegzieht!

Ziel jeder Kritik und jedes Lobes sind das persönliche Wachstum, die Stärkung des Teams und die Optimierung der Art und Weise, wie ihre Aufträge erledigt werden können.

Das von *Willow Creek* entwickelte D.I.E.N.S.T.-Programm ist kein Kurs, sondern ein Prozess mit zwei gleich stark treibenden Elementen: Reflexion der eigenen Persönlichkeit im Kontext von Bibel und Gemeinschaft und kontinuierliche Förderung. Dieses ressourcenorientierte Modell von Mitarbeitergewinnung und -betreuung hat mein Handeln als Mitarbeitertrainer nachhaltig verändert und in gewisser Weise zum Zentrum meines Wirkens gemacht.

Die Veränderungen sind sichtbar. Unsere Mitarbeiterinnen und Mitarbeiter lassen sich nicht mehr für einen Job instrumentalisieren, der weder ihren Neigungen, ihrem Persönlichkeitsstil noch ihren Begabungen entspricht. Und es werden Projekte, Aktivitäten und Dienste ins Leben gerufen, die mir niemals in den Sinn gekommen wären. Mitarbeiterinnen und Mitarbeiter entdecken das

Potenzial, das Gott in sie hineingelegt hat – und dann sprüht und funkt es. Da schreibt, inszeniert, probt und realisiert eine Gruppe unserer Jungscharleiterinnen plötzlich ein abendfüllendes Musical mit 60 Kinderstimmen und führt es einem ergriffenen Publikum vor. Einfach so, aus Begeisterung aneinander, am Thema, an der Möglichkeit, mit den Kindern einen tollen Event auf die Beine zu stellen. Sie nutzen die Chance, den Eltern, Freunden und Bekannten Jesus auf eine authentische, Emotionen ansprechende Art nahe zu bringen.

> *Mitarbeiterinnen und Mitarbeiter entdecken das Potenzial, das Gott in sie hineingelegt hat – und dann sprüht und funkt es.*

Die Mitarbeiter von *Willow Creek* kochen auch nur mit Wasser. Aber sie kochen. Und sie kochen gut. Um aus dem Bild auszubrechen: Sie tun, was sie erkannt haben. Und genau das müssen wir im deutschsprachigen Europa unbedingt hören. Tun wir's auch.

Anke

Ich hatte gerade die Schule beendet und bekam mein Abiturzeugnis überreicht, als mich zum ersten Mal und in voller Intensität die Frage packte: »Was will ich eigentlich in meinem Leben, worauf soll es abzielen?« Ich beneidete meine Mitschülerinnen und Mitschüler, die ihre Lehrverträge bereits unter Dach und Fach bzw. ihre Studienplätze auserkoren hatten. Bei mir war die Sache komplizierter. Ich hatte natürlich auch schon über meine Berufswahl nachgedacht. Das Leben lag mit seinen vielfältigen Angeboten vor mir. Und ich selbst verspürte bei mehr als einer dieser Möglichkeiten Lust zuzugreifen. Aber welche davon war mein Auftrag, welche davon würde einen roten Faden durch mein Leben spinnen? Eines war klar: Ich wollte mehr als einen Beruf, ich wollte eine Berufung. Ich wollte etwas tun, das mir zutiefst entsprach, und ich wollte von Gott als lebendiger Stein in seinem Bauwerk »gebraucht« werden. Manch einer sagte mir damals, dass mein Anspruch verwegen sei, dass ich lieber etwas Bodenständiges und Gewinnträchtiges lernen solle, statt auf meinen individuellen Lebensauftrag vom Schöpfer höchstpersönlich zu hoffen. Ich weigerte mich, auf diese Stimmen zu hören. »Geld verdienen kann jeder«, dachte ich, »eine erfüllende Aufgabe zu finden, das glückt ganz offensichtlich nicht jedem.«

> *Ich wollte mehr als einen Beruf, ich wollte eine Berufung. Ich wollte etwas tun, das mir zutiefst entsprach, und ich wollte von Gott als lebendiger Stein in seinem Bauwerk »gebraucht« werden.*

   Mittlerweile sind über zehn Jahre vergangen. Viele Nebel haben sich seitdem gelichtet, der Heilige Geist hat sie wie ein sanfter Wind fortgetrieben. Ich habe Psychologie und Theologie studiert und arbeite in der Andreasgemeinde u. a. im Bereich Mitarbeiterentwicklung. So wie bei einem Polaroidfoto die Konturen immer schärfer, die Farben leuchtender, strahlender werden, so ging es mir auch bei dem Bild von mir selbst und meiner Lebensaufgabe. Je klarer, bunter und detaillierter ich es sehe, umso mehr gewinnt es an Attraktivität, an Anziehungskraft.

Die Frage nach dem richtigen Platz im Leben hat mich seitdem nicht mehr losgelassen – dem richtigen Platz für mich und auch für andere. Mich faszinieren Menschen, die ihr Leben mit seinen scheinbaren Begrenzungen und Notwendigkeiten nicht hinnehmen, sondern nach ihrem gottgegebenen Potenzial und ihren Möglichkeiten fragen. Mich fasziniert es zu sehen, wie Menschen aufblühen, wenn sie eine Aufgabe finden, die sie erfüllt. Bei einer Frau aus unserer Gemeinde fiel mir das ganz besonders auf: Relativ unscheinbar, lange am Rande der Gemeinde mal hier, mal da helfend, kam sie eines Tages durch Zufall, besser gesagt, durch den Ausfall einer anderen Mitarbeiterin zu einem neuen Dienst – zu *ihrem* Dienst. Das Spannende war, das hatte ich so noch nie erlebt: Sie war schlagartig, buchstäblich von einem Tag auf den anderen, nicht mehr wieder zu erkennen: Ihre Augen blitzten, sie lachte, strahlte, wirbelte durch die Gemeinde, faszinierte nicht nur mich, sondern viele andere durch ihre Freude und positive Ausstrahlung. Wenn man sie nach ihrer Arbeit in der Gemeinde fragt, dann erzählt sie von Gott, dass sie froh ist, endlich auch einmal etwas für Gott tun zu können, nachdem er so viel für sie getan hat, dass sie es als Ehre empfindet, an seinem Reich mitbauen zu können und zu spüren, dass sie gute Arbeit für Gott leistet. Das ist für sie Motivation pur. Von

> *Wenn die Bibel davon spricht, dass der Heilige Geist Power, Dynamik, Bewegung ist, dann spiegelt sich das für mich am deutlichsten in den Gesichtern von motivierten, bewegten, begeisterten, begabten Menschen wider, die ihr Licht strahlen lassen, statt es unter den Scheffel zu stellen, und dadurch schier Berge versetzen.*

diesen Geschichten könnte ich Dutzende erzählen. Sie sind für mich ein untrüglicher Hinweis darauf, dass Gott lebendig ist und wirkt. Wenn die Bibel davon spricht, dass der Heilige Geist Power, Dynamik, Bewegung ist, dann spiegelt sich das für mich am deutlichsten in den Gesichtern von motivierten, bewegten, begeisterten, begabten Menschen wider, die ihr Licht strahlen lassen, statt es unter den Scheffel zu stellen, und dadurch schier Berge versetzen. Ganz gewöhnliche Menschen, die kraft des Heiligen Geistes ganz Außergewöhnliches vollbringen.

Als ich zum ersten Mal von *Willow Creek* hörte und las, ließen mich vor allen Dingen die Zahlen aufmerken. Wir freuten uns in unserer Gemeinde gerade über 120 Gottesdienstbesucher pro Woche, dort waren es an die 20 000. Unser Kindergottesdienst war mit seinen 40–50 Kindern einer der größten des Dekanats, in *Willow Creek* besuchen jeden Sonntag 4 000 Kinder das Kinderprogramm. Alles, was wir taten, schien in *Willow Creek* um etliche Potenzen größer zu sein. Man mag den bewundernden Blick auf Zahlen mit dem Argument kritisch zerpflücken, dass es doch wohl um Qualität gehen sollte und nicht um Quantität. Ich dagegen finde Zahlen wichtig. Wenn eine Gemeinde wie *Willow Creek* über Jahre hinweg in dieser Größenordnung gewachsen ist und heute Scharen von Menschen anzieht, dann muss sie etwas zu bieten haben. Die Konkurrenz ist einfach zu groß. Ich bin überzeugt: Quantität ist ein Indikator für Qualität. Qualität zieht in der Regel Quantität nach sich – so hatte ich es in unserer Gemeinde erlebt.

Ich war neugierig geworden und nutzte die nächste Gelegenheit, die sich mir bot, um mir die Sache einmal aus der Nähe anzusehen. Wir fuhren mit einer Gruppe aus unserer Gemeinde auf einen *Willow Creek*-Kongress. Ich tat das, was ich leidenschaftlich gerne tue: Menschen beobachten. Zunächst einmal die Menschen auf der Bühne. Sie waren – egal, ob es Bill Hybels persönlich war oder seine Co-Referenten, die Musiker oder Schauspieler – ohne Ausnahme anziehende, strahlende, sympathische Persönlichkeiten, die ganz offensichtlich in ihrem Job aufgingen. *Kein Wunder*, dachte ich, *sie haben eine tolle Reise gemacht, stehen auf der Bühne, werden von Tausenden von Menschen umjubelt.* Dann suchte ich in einer Pause meinen Mann, der sich als Technik-Freak viel mehr für die Verkabelung der Videoanlage interessierte als für die Menschen auf der Bühne. Ich fand ihn vor einem Kabelschacht mit einem Techniker aus *Willow Creek* diskutierend. Wie überrascht war ich, als ich ebenfalls in ein strahlendes Gesicht blickte. (Mein Mann strahlte übrigens auch angesichts des High-Tech-Equipments von *Willow Creek.*) Es gab bei den Mitarbeitern dieser Gemeinde keinen Unterschied, ob sie auf der Bühne oder im Hintergrund ihre Arbeit erledigten – sie strahlten, sie strahlten die Liebe Gottes aus.

Sie konnten es nicht fassen, dass die meisten der Mitarbeiter, die diesen Kongress ausrichteten, Ehrenamtliche waren und dass einige sogar ihren Jahresurlaub opferten, um sich für die Kongressbesucher zur Verfügung zu stellen.

Als ich die anderen Mitglieder aus meiner Gemeinde fragte, die mit mir den *Willow Creek*-Kongress besuchten, was sie fasziniert habe, kam neben der Musik und den spannenden Referaten übereinstimmend immer wieder eine Antwort: »Die Mitarbeiter!« Sie lobten die Herzlichkeit der Mitarbeiter, ihre unermüdliche Einsatzbereitschaft, die Selbstverständlichkeit, mit der sie hohe Qualität brachten, ihre Motivation, die ansteckende Begeisterung, auch wenn sie gerade dabei waren, einfachste Dienste zu verrichten. Sie konnten es überhaupt nicht fassen, dass die meisten der Mitarbeiter, die diesen Kongress ausrichteten, Ehrenamtliche waren und dass einige sogar ihren Jahresurlaub opferten, um sich für die Kongressbesucher zur Verfügung zu stellen und diesen Kongress auszurichten.

Ich fuhr nach Hause und fragte mich: »Wie schaffen sie es, eine so große Schar normaler Menschen in liebevolle, begeisterte Mitarbeiter zu verändern? Wie vermitteln sie selbst dem kleinsten Rädchen im Getriebe, dass seine Aufgabe ein wesentlicher Beitrag zum Bau von Gottes Reich ist? Wie spornen sie ihre Mitarbeiter zu so hohem Qualitätsbewusstsein und Einsatzfreude an? Welches Geheimrezept hat ›Willow Creek‹, das wir noch nicht kennen?« Die Antwort ist ganz einfach: Sie nehmen die biblischen Prinzipien für Gemeinde ernst und setzen sie um – losgelöst von den eingetretenen Pfaden der kirchlichen Tradition. Sie nehmen ernst, dass Kirche da entsteht, wo der Heilige Geist Menschen begabt und zusammenführt. Sie nehmen ernst, dass jeder seine Begabungen erst einmal kennen muss, um die Aufgabe tun zu können, die der Heilige Geist ihm zugedacht hat, und haben infolgedessen Network (»D.I.E.N.S.T.«) geschaffen, ein Programm, das jeder Mitarbeiter durchläuft, um seine Neigungen, Gaben und seinen Persönlichkeitsstil zu identifizieren. Es ist in Willow Creek kein überflüssiger Luxus, nach dem Platz im Leben, nach der individuellen Berufung zu fragen; man wird nicht als überspannter Träumer abgetan. Im Gegenteil: Es ist das Herzstück ihrer Mitarbeiterführung, dass Menschen im Einklang mit ihrer göttlichen Berufung arbeiten. Und an Willow Creek sieht man, welche Schubkraft sich entwickelt, wenn eine Gemeinde mit kindlicher Neugier und unerschütterlicher Beharrlichkeit nach dem Potenzial ihrer Mitarbeiter, nach Gottes Möglichkeiten in den Menschen forscht.

> *Es ist in Willow Creek kein überflüssiger Luxus, nach dem Platz im Leben, nach der individuellen Berufung zu fragen; man wird nicht als überspannter Träumer abgetan. Im Gegenteil: Es ist das Herzstück ihrer Mitarbeiterführung, dass Menschen im Einklang mit ihrer göttlichen Berufung arbeiten.*

Entdecken auch Sie Ihr Potenzial und seien Sie sich sicher, dass das gewaltige Veränderungen auslöst – bei Ihnen und Ihren Mitmenschen.

Kapitel 2

Mitarbeit ist Wert-voll

*Wie Sie zu Ihren Stärken und Schwächen
stehen können*

Im folgenden Kapitel lesen Sie, was für ein unermessliches Potenzial in Ihnen steckt, warum Gemeinschaft wichtig ist, wenn Sie es entfalten, und inwiefern jedes Potenzial zugleich eine geistliche Aufgabe darstellt. Sie werden Lust bekommen, sich auf eine spannende Entdeckungsreise zu begeben, die Sie und Ihre Gemeinde grundlegend verändert. Sie werden 10 Werte aus Willow Creek kennen lernen, die Ihnen eine Perspektive für Ihre Mitarbeit eröffnen.

1 Jeder ist in irgendeinem Bereich spitze.

Glauben Sie wirklich, dass Sie bedeutend sind? Dass Sie eine großartige Begabung besitzen? Oder geht es Ihnen wie vielen Menschen, die sich als Teil des Mittelmaßes erleben und Begabung für einen ausgesprochenen Glücksfalls der Natur halten?

Die Sehnsucht nach der ganz großen Bedeutung steckt in uns allen. Aber Hand aufs Herz: Glauben Sie wirklich, dass Sie bedeutend sind? Dass Sie eine großartige Begabung besitzen? Oder geht es Ihnen wie vielen Menschen, die sich als Teil des Mittelmaßes erleben und Begabung für einen ausgesprochenen Glücksfalls der Natur halten? Nur einigen wenigen herausragenden Menschen, den Stars an unserem Himmel, vorbehalten.

Sören Kierkegaard erzählte einmal folgende Geschichte:

> »Die Christen leben wie Gänse auf einem Hof. An jedem siebten Tag wird eine Parade abgehalten und der beredsamste Gänserich steht auf einem Zaun und schnattert über das Wunder der Gänse. Er erzählt von den Taten der Vorfahren, die einst zu fliegen wagten, und lobt die Gnade und Barmherzigkeit des Schöpfers, der den Gänsen Flügel und den Instinkt zum Fliegen gab. Die Gänse sind tief gerührt, senken in Ergriffenheit die Köpfe und loben die Predigt und den beredten Gänserich. Aber das ist auch alles. Eines tun sie nicht: Sie fliegen nicht, denn das Korn ist gut und der Hof ist sicher.«[1]

Über die einfältigen Gänse können wir uns amüsieren. Doch wer einmal versucht hat, Menschen aus ihrer Lethargie zu reißen, könnte über diese oft genug die gleiche Geschichte erzählen. Menschen leben unter ihren Möglichkeiten. Leider wird dies im christlichen Kontext oft noch als Bescheidenheit und Demut hochgehalten. Und das bedeutet, dass Menschen »ihr Licht unter einen Scheffel stellen«, statt auf einen Leuchter, damit es allen, die im Hause sind, leuchtet.[2]

Doch stellen Sie sich vor, man sagt zu Ihnen: »Du bist begabt! In mindestens einem Bereich bist du spitze.« Man sagt es Ihnen nicht nur, man behandelt Sie auch so, als läge besonderes Potenzial in Ihnen, als hätten Sie etwas Einzigartiges einzubringen. Ich bin mir sicher: Es verändert Sie, wenn man Ihnen auf diese Art und Weise begegnet. Wenn Sie Ihre Begabung noch nicht kennen, werden Sie sie entdecken und einsetzen wollen. Das wird sowohl Ihr Selbstbewusstsein als auch Ihren Selbstwert zum Positiven hin verändern.

Es ist Gott selbst, der Schöpfer des Universums, der uns diese Sicht vermittelt. In Psalm 8 heißt es über den Menschen: »Du hast den Menschen wenig niedriger gemacht als Gott, mit Ehre und Herrlichkeit hast du ihn gekrönt, du hast ihn zum Herrn gemacht über deiner Hände Werk – alles hast du unter seine Füße getan.« Gott redet und denkt groß von Ihnen – mit geradezu unglaublicher Hochachtung. Gott hat jeden von uns in sorgfältiger Handarbeit gemacht und hat großes Potenzial in uns hineingelegt. Er möchte, dass wir es entdecken und entfalten. Gott will, dass wir uns mit seinen Augen sehen – mit den Augen der Liebe und der Wertschätzung.

Im Positiven wie im Negativen gilt: Was man uns immer wieder sagt und was man uns einredet, prägt uns auch. Es hat zum einen Einfluss auf unser Selbstbild und unser Selbstbewusstsein.

> Doch stellen Sie sich vor, man sagt zu Ihnen: »Du bist begabt! In mindestens einem Bereich bist du spitze.« Man sagt es Ihnen nicht nur, man behandelt Sie auch so, als läge besonderes Potenzial in Ihnen, als hätten Sie etwas Einzigartiges einzubringen.

Wer Menschen vermittelt, dass unglaubliches Potenzial in ihnen schlummert, bedient sich keines psychologischen Tricks. Es ist einfach wahr: So hat Gott uns gemacht. Diese Wahrheit in Erinnerung zu rufen, ist von grundsätzlicher Bedeutung, wenn man ein biblisches Selbstbild und ein gesundes Selbstbewusstsein ausbilden möchte. Das Selbstbewusstsein eines Christen sagt: »Ich bin mir bewusst, dass Gott mich unendlich liebt. Ich weiß: Er hat mich gut gemacht – mir herausragende Stärken geschenkt.«[3] (Dass zu herausragenden Stärken immer auch herausragende Schwächen gehören und wie man auch diese gewinnbringend nutzt, dazu komme ich später noch). Zum anderen haben sowohl die positiven als auch die negativen Botschaften einen enormen Einfluss auf den Erfolg. Wenn ich zum Beispiel meinem Kind sage: »Du schaffst es, über das Klettergerüst zu balancieren«, wird es sehr wahrscheinlich – spätestens nach einigen Versuchen –, ohne zu fallen hinüberkommen. Wenn ich ihm allerdings ängstlich zurufe: »Pass bloß auf, dass du nicht fällst!«, liegt es vermutlich im nächsten Moment auf der Nase.

Die erfolgreichen Topmanager »inspirieren ihre Mitarbeiter zur geistigen und menschlichen Größe und belohnen experimentelle Fantasie«.

Forscher des bekannten Gallup-Instituts fragten sich, was das Erfolgsgeheimnis von hochkarätigen Menschen ist. Sie untersuchten die 50 erfolgreichsten Amerikaner der vergangenen fünf Jahre und beschäftigten sich neben den typischen Erfolgsgaranten wie langfristigem wirtschaftlichen Erfolg, Pioniergeist, beispielhafter Kundenorientierung und anderem auch mit menschlichen Faktoren. Und wissen Sie, was dabei herauskam? Die erfolgreichen Topmanager »inspirieren ihre Mitarbeiter zur geistigen und menschlichen Größe und belohnen experimentelle Fantasie«.

Aus diesem Grund möchte ich Sie einladen: Lernen Sie, sich (und andere) mit Gottes Augen zu sehen. Glauben Sie der Bibel, dass Sie hochkarätig sind. Behandeln Sie sich und andere so und machen Sie sich immer wieder bewusst: »Ich bin in mindestens einem Bereich spitze! Ich habe herausragende Stärken. Sie sind die Pfunde, die Gott mir anvertraut hat. Ich werde alles daran setzen, sie zu identifizieren und mit ihnen zu wuchern.«

Wie erginge es uns, unseren Gemeindeleitern und Mitarbeitern, wenn wir unsere Stärken kennen und anerkennen würden? Wenn wir uns nicht mehr wie 08/15-Formate behandelten, sondern wie unvergleichliche, exzellente Originale, durch die Gottes Herrlichkeit hindurchstrahlt?

2 Gott will keine Zuschauer, sondern Akteure. Darum sollten Gemeinden den Menschen alle erdenklichen Wege zur Mitarbeit ebnen.

Wenn Sie erkannt und anerkannt haben, dass Sie in Ihrem Bereich richtig gut sind, lautet die nächste Frage: »Gut, aber wozu?« Wozu haben Sie Ihre Stärken bekommen? Für andere – damit Sie ihnen dienen, ihren Nöten begegnen, ihnen Freude machen und die Welt verändern? Oder für sich selbst, zu Ihrer Selbstverwirklichung, damit Sie in Ihrem Beruf erfolgreicher und in Ihrem Leben glücklicher und effektiver sind?

Beides stimmt, aber ein Drittes muss dazukommen: Wir haben unsere Stärken bekommen, damit wir sie Gott zur Verfügung stellen, um sein Reich, die Gemeinde, aufzubauen. Nach landläufiger Definition ist ein Christ, wer mit wohlwollendem Interesse regelmäßig in die Kirche kommt und sie unterstützt. Mehr wird von einem normalen Gemeindeglied nicht

Nach landläufiger Definition ist ein Christ, wer mit wohlwollendem Interesse regelmäßig in die Kirche kommt und sie unterstützt. Mehr wird von einem normalen Gemeindeglied nicht erwartet.

erwartet. Doch Gott hat ganz andere Vorstellungen. Er möchte uns nicht als Zuschauer auf der Tribüne, sondern als Spieler auf dem Gemeinderasen, weil er nicht alleine, sondern mit allen, die an ihn glauben, seine Gemeinde bauen möchte. Die Mitarbeit ist Bestandteil und Ausdruck unserer Gottesbeziehung. Wer mitarbeitet, macht entsprechend unserem Glaubensbekenntnis zu Vater, Sohn und Heiligem Geist eine dreifache Gotteserfahrung:

»Ich kann etwas. Gott hat mich mit tollen Fähigkeiten ausgestattet. Ich merke: Ich bin sein gutes und geliebtes Geschöpf.«

»Ich bin etwas. Durch Jesus Christus hat Gott mir seine ganze Liebe offenbart. Ich merke: Ich gehöre zur Gemeinde Jesu Christi, ich bin ein willkommener und unverzichtbarer Teil davon.«

»Ich bewirke etwas. Ich merke: Gottes schöpferischer Geist verleiht mir Kräfte und Möglichkeiten, von denen ich bisher nicht zu träumen wagte.«

Mit diesen neuen Möglichkeiten baue ich Gottes Gemeinde auf und mache ihm Ehre. Das geschieht sowohl zum Nutzen anderer Menschen als auch zu meiner eigenen Entwicklung und Erfüllung. Es entsteht ein positiver Kreislauf: Menschen erleben sich als von Gott Gesegnete und werden selbst zum Segen. Es wird wahr, was Gott Abraham einst verheißen hatte: »Ich will dich segnen und du sollst ein Segen sein.« Immer wieder!

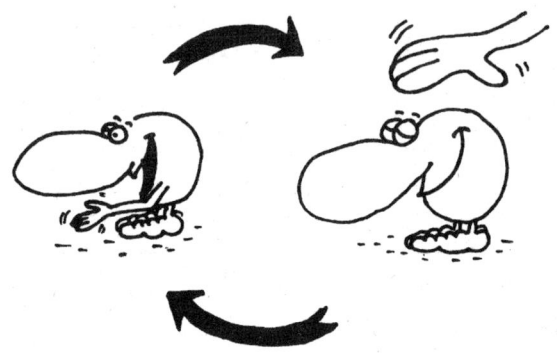

Gemeinden, die möchten, dass ihre Mitglieder aktiv werden und sich engagieren, tun genau das Richtige, wenn sie den Menschen alle nur erdenklichen Wege zur Mitarbeit ebnen. Es muss leicht sein und es muss Freude machen, von einem interessierten Besucher zu einem aktiven Mitarbeiter zu werden. Drei praktische Tipps für alle, die Mitarbeiter gewinnen wollen:

1. Laden Sie Menschen persönlich zur Mitarbeit ein: So hat es Jesus gemacht, der seine Jünger einzeln eingesammelt hat. Später sprachen dann diese wiederum andere Jünger persönlich an. So hat sich nach dem Schneeball-Prinzip der Wirkungskreis vergrößert. Persönliche Ansprache ist wichtig. Es geht ja nicht darum, die Arbeitskraft eines neuen Mitarbeiters zu gewinnen; es geht darum, einen Menschen in das Beziehungsgeflecht der Gemeinde zu integrieren, ihm eine liebevolle Heimat zu bieten, in der er seinen Glauben leben, stärken und weitergeben kann.

2. Vermitteln Sie, dass Mitarbeit einen persönlichen Gewinn bringt. Ein persönliches Gespräch bzw. eine motivierende Einladung sind wunderbare Eintrittskarten zur Mitarbeit. Doch irgendwann muss die äußere Motivation in innere Motivation umgewandelt werden. Sorgen Sie dafür, dass Mitarbeiter spüren: Jede Investition in das Gottes Reich ist lohnenswert. Sie wird sich in vielfältiger Weise als gerührtes, gedrücktes und gerütteltes Maß segensreich in meinem Leben auswirken. Das fördert die Eigeninitiative, die Kreativität und Selbstverantwortung der Mitarbeiter. Und es passieren Ihnen Geschichten wie die des Automechanikers, der eines Tages auf Bill Hybels zukam und sagte: »Ich kann nicht predigen, und ich werde auch nie auf der Bühne stehen und singen, aber ich kann eines: Autos reparieren. Es gibt doch bestimmt viele allein erziehende Mütter in dieser Gegend, die sich eine Autoreparatur nicht leisten können.« Und es entstand eine Autowerkstatt, die jedes Jahr Hunderte von Wagen *kostenlos* repariert ...

3. Machen Sie die offenen Stellen in Ihrer Gemeinde bekannt:
damit die Menschen, die mit dem Gedanken an Mitarbeit liebäu-
geln, wissen, an welcher Stelle sie sich einbringen können. Bei uns
geschieht das durch eine Stellenbörse, »Traumjobbörse« genannt.
Sie erscheint einmal im Monat in unserem internen Gemeindebrief
und informiert alle, die an Mitarbeit interessiert sind, über die der-
zeitigen Möglichkeiten. Die Stellenanzeige sollte die Tätigkeiten
und Anforderungen beschreiben und vor allen Dingen Lust machen. Lesen Sie doch einmal folgende Anzeige, die ganze Heer-
scharen von Mitarbeitern anlockte:

Mal ehrlich: Könnten Sie da noch widerstehen? (Wenn Sie Bü-
cherwurm sind ...)

**An alle Leseratten, Bücherwürmer oder
Buchliebhaber zwischen Himmel und Erde!**

Wer hat Lust, unser nettes, aber kleines Büchertisch-
team beim Verkauf von Büchern und Lobpreis-CDs
zu verstärken? Wir sind ein buntes Team von Mitarbeitern, das gerne eine vielfältige Auswahl an Büchern
und Lobpreis-CDs vor und nach den Gottesdiensten
zum Kauf anbietet.

Dabei ergibt sich oft die Möglichkeit zur Begegnung
und zum Austausch mit Gottesdienstbesuchern.
In regelmäßigen Abständen treffen wir uns
in netter Runde, um neue Überlegun-
gen zu besprechen und Stand-
dienste zu organisieren.

Wer gerne mitmachen möchte,
melde sich bei ...

3 Gabenorientierte Mitarbeit ist das wirkungs-
vollste Werkzeug im Gemeindeaufbau.
Es ist die vordringlichste Aufgabe einer Gemeinde,
Menschen dabei zu unterstützen, ihre Gaben
zu entdecken und einzusetzen.

Sie können einen Umzug mit dem Fahrrad durchführen oder mit
einem Umzugslaster. Entscheiden Sie sich für das Fahrrad, werden
Sie viel Zeit brauchen, um umzuziehen – Zeit, die Ihnen fehlt, um
Ihr neues Domizil einzurichten. Die ersten neugierigen Gäste, die
sich einfinden, um die neue Wohnung zu bestaunen, werden sich
über das Schneckentempo und das fortwährende Chaos wundern
und irgendwann wegbleiben. Vermutlich wird Ihnen bei der Arbeit
die Puste ausgehen, denn sie ist hochgradig mühsam. Gemeinden
machen ihre Arbeit, als wollten sie mit
dem Fahrrad umziehen. Sie loben sich
sogar dafür, dass sie so schlau waren,
sich einen Fahrradanhänger zu besorgen. Den Umzugslaster, den Gott
ihnen zur Verfügung stellte, tun sie als
überflüssigen Luxus ab.

> *Gemeinden machen
> ihre Arbeit, als woll-
> ten sie mit dem Fahr-
> rad umziehen. Sie
> loben sich sogar
> dafür, dass sie so
> schlau waren, sich
> einen Fahrradanhän-
> ger zu besorgen.
> Den Umzugslaster,
> den Gott ihnen zur
> Verfügung stellte, tun
> sie als überflüssigen
> Luxus ab.*

Mit anderen Worten: Versuchen
Sie mal, Steffi Graf für die Innovation
des Computermarkts einzusetzen oder
Bill Gates zu bitten, die Welt mit
spannenden Tennis-Matches zu unterhalten. Jedem ist klar, dass das allen-
falls zur Erheiterung, nicht aber zum
Erfolg führt, weil diese Menschen bei
der ihnen zugeteilten Aufgabe fehl am
Platz sind. Doch leider geht man in
der Kirche und in Gemeinden tatsäch-
lich so vor: Da wird ernsthaft darüber diskutiert, den künstlerisch
begabten Pfarrer, der den Menschen das Evangelium mit wunder-

baren Liedern, Geschichten und Musicals nahe bringen will, in einem oberhessischen Dorf für Alten- und Krankenbesuche einzusetzen. Oder es wird von einem alternden Kirchenvorsteher, der sich nach einem beschaulichen Lebensabend sehnt, erwartet, dass er die Türen zur Zukunft der Gemeinde aufstößt. Interessanterweise ist jedoch nicht jedem der Beteiligten klar, warum diese Vorgehensweise nicht zum Erfolg führt.

»Der Segen liegt im Verborgenen, nicht im messbaren Wachstum.«

Man wundert sich darüber, dass Menschen die Freude an ihrem Dienst verlieren, dass sie unzuverlässig sind, höchst mittelmäßige Ergebnisse bringen, kein Interesse, Engagement und Eigenverantwortung zeigen. Und man findet Begründungen wie: »Die Bereitschaft zur Mitarbeit ist heutzutage nicht mehr vorhanden« oder: »Der Segen liegt im Verborgenen, nicht im messbaren Wachstum.« Doch der eigentliche Grund wird höchst selten angeführt: Gemeinden setzen die Menschen, die Gott zu ihnen führt, nicht entsprechend ihrer Gaben ein. Sie lassen das Werkzeug, das Gott ihnen zum Gemeindebau zur Verfügung stellt, unbenutzt in der Ecke liegen. Darum bleiben viele Gemeinden in den Kinderschuhen stecken.

Es gibt Aufgaben im Reich Gottes, die nur Sie mit Ihren einzigartigen Fähigkeiten bewältigen können.«

Jeder Mensch hat in seiner geistlichen Geburtsstunde vom Heiligen Geist ein ganz besonderes Geburtstagsgeschenk bekommen: Geistesgaben, die so genannten *Charismen*. Dies sind Gaben, die Menschen im Zuge ihres Christwerdens aus Gnade, das heißt unverdient, zufallen. Gustav Heinemann sagte einmal: »Gottes Gaben sind Gottes Berufungen.« Mit anderen Worten: Es gibt Aufgaben im Reich Gottes, die nur Sie mit Ihren einzigartigen Fähigkeiten bewältigen können. Der Platz bliebe sonst leer. Menschen müssen also ihr besonderes, einzigartiges Profil kennen lernen, damit sie die Rolle, die Gott ihnen in seinem Reich zugedacht hat, füllen können. Gaben sind wie Muskeln. Sie brauchen eine bestimmte Aufgabe, damit sie trainiert werden. Ohne Einsatz verkümmern sie.

Über die Wirkung von gabenorientierter Mitarbeit schreibt Ulrich Fischer, Landesbischof von Baden, nach einer Studienreise zum *Willow Creek Leadership Summit*:

> *»Menschen sind hier von ihrer Arbeit begeistert, weil sie zielorientiert arbeiten und gabenorientiert eingesetzt werden. Der Glaube an die Leitung durch den Heiligen Geist verbindet sich mit eigener Leistungsbereitschaft. Der zu spürende Optimismus der hier arbeitenden Menschen ist glaubensbegründet und befähigt sie zu unbefangenen Grenzüberschreitungen (thinking outside of the box). [...] Wir kamen zu einer Informationsreise in eine Gemeinde und fanden Menschen mit leuchtenden Augen und brennenden Herzen. Wenn das nichts ist!«*

Wer gabenorientiert arbeitet, ist in der Tat be-geist-ert. Man sieht und spürt es: Diese Menschen sind mit Lust und Laune bei der Arbeit. Doch nicht nur das! Sie arbeiten viel effektiver und erfolgreicher, weil sie sich auf die Ressourcen konzentrieren, die Gott ihnen gegeben hat. Wer schon einmal versucht hat, als Rechtshänder mit der linken Hand einen Brief zu schreiben, weiß, wie mühsam das ist und welche Befreiung es bedeutet, die »richtige« Hand benutzen zu können.

Gabenorientierte Mitarbeit verhilft nicht nur zur Selbsterkenntnis und Persönlichkeitsentfaltung, sie setzt auch

Jeder Gemeinde wurden Menschen mit ihren speziellen Geistesgaben als Vermögen anvertraut. Eine Gemeinde, die diese Charismen am richtigen Ort einsetzt, wird zur »charismatischen« Gemeinde. Sie setzt auf Gottes statt auf menschliche Möglichkeiten.

Gemeindeentwicklung in Gang. Stellen Sie sich einmal folgendes Szenario vor: Alle Rechtshänder in Ihrer Gemeinde würden aufhören, mit links zu schreiben und endlich einmal ihre »Schokoladenseite« gebrauchen. Welche Kräfte würden freigesetzt! Stellen Sie sich vor, diese Menschen würden plötzlich entdecken, mit wie viel Leichtigkeit und Erfolg sie ihren Dienst tun könnten. Wie viel Motivation und Freude sich breit machen würden!

So wie jeder Mensch Charismen von Gott geschenkt bekommen hat, wurden jeder Gemeinde Menschen mit ihren speziellen Geistesgaben als Vermögen anvertraut. Eine Gemeinde, die diese Charismen am richtigen Ort einsetzt, wird zur »charismatischen« Gemeinde. Sie setzt auf Gottes statt auf menschliche Möglichkeiten. Sie verwendet den Umzugslaster statt das Fahrrad!

4 Die Suche nach dem richtigen Platz im Leben ist kein einmaliger Akt. Sie braucht neben Momentaufnahmen kontinuierliche Begleitung.

Es ist kaum vorstellbar, dass jemand in den Urlaub fährt, ohne dort auch Bilder zu machen. In den Bergen, am Meer, auf einem Kamel sitzend oder mit den Skiern in einem Schneehaufen steckend – wir haben unzählige Fotos von unseren Reisen. Und wir lieben es, sie anzuschauen und uns zu erinnern: »Weißt du noch, damals?« Sie markieren die Etappen unseres Lebens. Das D.I.E.N.S.T.-Seminar ist wie ein Fotoapparat. Auf der Reise zum richtigen Platz im Leben ist es ungemein wertvoll. Auf den Fotos erkennt man: »Aha, so bin ich. Dies sind meine Stärken und das meine Schwächen.«

Die Suche nach dem richtigen Platz im Leben ist tatsächlich eine aufregende Reise in ein unbekanntes, unerschlossenes Land. Sehr zu empfehlen ist es darüber hinaus, nicht nur den Fotoapparat einzupacken, sondern auch einen Reiseführer zu buchen, damit man die schönsten Plätze entdeckt und seine Zeit nicht mit unnützer Suche verschwendet. Der Reiseleiter durchs Leben ist der Coach, den jeder Mitarbeiter haben sollte. D.I.E.N.S.T.-Seminare isoliert – ohne Coaching – durchzuführen ist so unfreundlich, wie einen Menschen mit Fotoapparat, aber ohne Begleitung im Dschungel auszusetzen.

Was ist Coaching? Coaching geht von dem Grundsatz »Hilfe zur Selbsthilfe« aus. Einem hungrigen Menschen kann man helfen, indem man ihm einen gebratenen Fisch serviert oder indem man ihm eine Angel schenkt und ihn das Fischen lehrt. Letzteres ist Coaching. Es möchte die Ressourcen der Menschen aktivieren und sie bei der Entfaltung ihres Potenzials unterstützen, ohne ihnen die Verantwortung für ihre Entwicklung abzunehmen. Um ein anderes Bild zu verwenden: Der Coach ist Geburtshelfer von Veränderungen, doch die Geburt – also die Veränderungen – muss der zu Coachende schon selbst leisten. Im Einzelnen bedeutet dies für das Coaching:

> *Einem hungrigen Menschen kann man helfen, indem man ihm einen gebratenen Fisch serviert oder indem man ihm eine Angel schenkt und ihn das Fischen lehrt.*

1. Der Coach stellt gute Fragen. Kennen Sie das: Jemand stellt Ihnen eine Frage und Sie sind irritiert, Ihre Gedankengebäude werden durcheinander gewirbelt? Wenn das geschieht, handelte es sich um eine gute Frage! Sie bringt Sie wesentlich weiter als gut gemeinte Ratschläge, denn Sie müssen die Bausteine neu ordnen, und das mit Gewinn. Sie kommen ins Grübeln und beginnen zu reflektieren. Sie werden angeregt, Ihre Träume zu entfalten und Perspektiven zu entwickeln. Die Antworten, die Sie finden werden, sind Ihre Antworten, die naturgemäß besser zu Ihnen passen als alle von außen vorgegebenen.

2. Der Coach fungiert als Spiegel. Geistesgaben begeistern. Das heißt, wenn Menschen über ihre ureigensten Anliegen und ihre Lebensträume sprechen, fließt Energie. Eigentlich besitzen Menschen ein intuitives Gespür für ihre Stärken, dies ist jedoch oft durch viele Pflichten und Sachzwänge des Lebens verloren gegangen oder überdeckt worden. Aus diesem Grund spiegelt der aufmerksam zuhörende Coach, wo er Energieflüsse bemerkt, zum Beispiel: »Dich interessieren ganz offensichtlich viele Dinge, aber wenn du über das Theaterspielen sprichst, leuchten deine Augen.« Dabei gilt immer: Ein Spiegel ist interessens- und urteilsfrei. Steht ein Tisch vor ihm, so zeigt er einen Tisch und keine gedeckte Tafel; steht ein Stuhl vor ihm, so reflektiert er einen Stuhl und keinen Hocker. Er hat keine Vorstellungen davon, wie eine Person zu sein hat, sondern er gibt wieder, was er bemerkt.

3. Der Coach gibt Feedback. Wer seine Gaben entdeckt und einen (ersten) Platz gefunden hat, an dem er diese einsetzen kann, ist auf liebevoll-konstruktive Rückmeldung angewiesen: zum einen, um zu prüfen, ob er wirklich am richtigen Ort ist und zum anderen, um die Gabe weiter zu trainieren. Genauso wie aus einem sportlichen Menschen nur mit Training ein guter Fußballer wird, ist viel Übung nötig, damit sich zum Beispiel aus einem Menschen mit der Gabe der Lehre ein guter Prediger entwickelt. Das gilt für jede unserer Gaben. Gott hat uns die Gaben als enormes Startkapital geschenkt, aber es liegt an uns, sie immer weiter auszubauen und zu verbessern. Gecoacht werden heißt in dem Fall, sich beobachten zu lassen und Rückmeldung einzuholen, was man besser machen könnte bzw. wie man seine Gabe möglichst wirkungsvoll einsetzt. Besonders motivierend ist es, wenn der Coach das Feedback so positiv formuliert, dass er seinen Schützling anspornt, an sich zu arbeiten.

Gott hat uns die Gaben als enormes Startkapital geschenkt, aber es liegt an uns, sie immer weiter auszubauen und zu verbessern.

4. Der Coach führt zum Ziel. Sie suchen den richtigen Platz in Ihrem Leben? Sie wollen Gott Ihre Gaben zur Verfügung stellen? Prima! Doch die Frage bleibt, auf welche Weise das geschehen soll. Wünsche müssen in konkrete Schritte und Ziele umgesetzt werden, sonst bleibt es bei den Wünschen. Wer hat schon Lust, *irgendwann* einmal mehr Sport zu treiben? Aber wenn Sie sich für morgen vornehmen, jeden Tag zu joggen, um sich in vier Wochen richtig fit zu fühlen, das motiviert! Klare Ziele bzw. zielführende Perspektiven motivieren, die nächsten Schritte zu gehen. Der Coach überlegt gemeinsam mit Ihnen, wie zum Beispiel aus Ihrem Organisationstalent eine attraktive Perspektive für Ihr Leben und klare Ziele entstehen können. Als Nächstes sucht er mit Ihnen nach Strategien und konkreten Schritten, um die Ziele zu erreichen.

Coaching bedeutet: fördern und fordern.
Menschen zu *fördern*, das heißt, sie groß werden zu lassen. Was gar nicht so selbstverständlich ist, denn häufig genug lösen »große Menschen« – Querdenker, hellwache, innovativ denkende Köpfe – Ängste aus. Sie bedrohen das System. Doch eine Institution kommt nicht durch hoch potente Mitarbeiter in Gefahr. Im

Häufig genug lösen »große Menschen« – Querdenker, hellwache, innovativ denkende Köpfe – Ängste aus. Sie bedrohen das System

Gegenteil: Ihre Stärke zeigt sich daran, dass sie das Potenzial ihrer Leute fördert, statt es zu fürchten. Nur mit großen Menschen lassen sich große Dinge bewegen.

Menschen zu *fordern* heißt, sie zu Qualität zu motivieren, nicht – wie im Beruf üblich – mit Druck, sondern im sportlich-spielerischen Sinn, Menschen dazu zu bewegen, mit ihren Gaben möglichst viel zu bewirken und dies auch qualitativ hochwertig zu tun, denn Qualität ist kein Selbstzweck. Sie ehrt Gott und zieht Menschen an.

Wissen Sie, wenn ich so arbeiten würde wie Sie, käme ich zu gar nichts mehr. Ich müsste mich nur noch um meine Mitarbeiter kümmern. Ich bin alleine Pfarrerin auf dem Dorf: Wer soll dann bloß meine Arbeit tun?

Als ich vor kurzem das Prinzip des Coaching anpries, hielt mir eine junge Pfarrerin entgegen: »Wissen Sie, wenn ich so arbeiten würde wie Sie, käme ich zu gar nichts mehr. Ich müsste mich nur noch um meine Mitarbeiter kümmern. Ich bin alleine Pfarrerin auf dem Dorf: Wer soll dann bloß meine Arbeit tun?« Natürlich hat sie Recht: Mitarbeiter zu coachen ist richtig arbeitsintensiv. Es gibt andererseits allerdings keine bessere Möglichkeit, seinen eigenen Wirkungsgrad zu vervielfältigen. »Ein Pfarrer kann sich nicht zerteilen, aber er kann sich vervielfältigen.« (Klaus Eickhoff)[4]

5 Mitarbeit ist nicht nur Geben, sondern auch Nehmen.

»Wir haben kaum Mitarbeiter«, klagt man in den Kirchen. Es stellt sich die Frage, woran das liegt. »Die Bereitschaft, sich im Non-Profit-Bereich, also karitativ, unentgeltlich, ehrenamtlich, sozial, kulturell zu engagieren, ist durchaus gegeben. Das Jammern über die Egotrip-Gesellschaft stimmt auch nicht mit den Zahlen über-ein: Etwa 16 Millionen Deutsche engagieren sich bereits ehren-amtlich«[5], schreibt Michael Herbst über die Rolle Ehrenamtlicher im Gemeindeaufbau. Mit steigender Tendenz muss man dazu sagen. Die Gründe dafür liegen auf der Hand: Weil heute an vielen Orten wesentlich kürzer gearbeitet wird als früher, steht vielen Menschen mehr freie Zeit zur Verfügung. Die freien Ressourcen wollen sie in sinnvolle Beschäftigung investieren – und das darf ruhig Arbeit sein. Allerdings: Es sind nicht (nur) selbstlose, altru-istische Gründe, die Menschen zur Mitarbeit bewegen; sie wollen nicht einfach nur mitmachen, egal, wie, wann, wo. Sie haben An-sprüche an ihr ehrenamtliches Engagement:

Für manche ist das der Wunsch, Gaben aktiv einzusetzen, die in ihrem Leben sonst brachliegen würden. So arbeiten bei uns Unter-nehmensberater im Krabbelgottes-dienst mit, promovierte Chemiker »ro-cken« in unseren Bands und Haus-frauen managen die Gemeinde. Andere fragen in Lebensübergängen gezielt nach ehrenamtlichem Engagement. Ein erfolgreicher Geschäftsmann, der mit 40 Jahren beruflich alles erreicht hatte, sprach uns kürzlich an, ob wir eine er-füllende Aufgabe für ihn hätten, eine, mit der er eine zweite (ehrenamtliche) Karriere starten könnte. Was für eine herrliche Chance für eine Ge-meinde! Ähnliches gilt für rüstige Pensionäre, die eine neue Sicht

Wichtig ist, dass Mitarbeiter sich heute nicht mehr langfristig binden wollen, sondern sich lieber zeitlich begrenzt engagieren.

für die nächsten 10, 20, 30 Jahre brauchen, für Jugendliche in der Zeit zwischen Schule und Ausbildung und für Frauen nach der Babypause, für die ehrenamtliches Engagement eine Alternative zum Berufsleben darstellt oder die nach Anregungen für weitere berufliche Tätigkeit suchen.

Wichtig ist, dass Mitarbeiter sich heute nicht mehr langfristig binden wollen, sondern sich lieber zeitlich begrenzt engagieren. Bieten Sie darum Ihren Mitarbeitern »befristete Verträge« an. Vereinbaren Sie eine Probezeit bzw. eine Prüfzeit von drei oder 6 Monaten, in der ein Mitarbeiter entscheiden kann, ob die Aufgabe das Richtige für ihn ist. Oder definieren Sie Tätigkeiten als Projekte, zum Beispiel: »Baue ein Team auf, das die Gottesdienstbesucher herzlich begrüßt, und begleite dieses Team ein Jahr lang.« Die meisten Aufgaben in der Gemeinde lassen sich mit ein bisschen Einfallsreichtum zeitlich und inhaltlich begrenzen, selbst solche Aufgaben, die vermeintlich auf Kontinuität und Verbindlichkeit angelegt sind. Für viele Mitarbeiter ist es einfacher, ein zeitlich überschaubares Projekt in ihr Leben einzuplanen – selbst wenn es arbeitsintensiv ist –, als auf lange Sicht zwei Stunden pro Woche zu »opfern«.

Sie erleichtern Mitarbeitern den Einstieg, indem Sie ihnen von Anfang an Hilfen für den Ausstieg anbieten.

Es klingt verrückt, aber Tatsache ist, dass Sie Mitarbeitern den Einstieg erleichtern, indem Sie ihnen von Anfang an Hilfen für den Ausstieg anbieten. Das führt keineswegs dazu, dass die Mitarbeiter bei der ersten Gelegenheit das Handtuch werfen. Im Gegenteil: Sie haben das Gefühl, dass man nicht nach der ganzen Hand greift, wenn sie den kleinen Finger hinhalten. Jeder Mitarbeiter, der unentgeltlich seine Zeit, sein Wissen und sein Können zur Verfügung stellt, sollte mit einem dicken Dankeschön und ohne schlechtes Gewissen gehen können, wann immer er das möchte.

Unsere Kirchenvorsteher, die sich neben Beruf und Familie auch in der Gemeinde stark engagieren, nennen auf die Frage, was sie an ihrer Mitarbeit in der Gemeinde so fasziniert:

▶ die Möglichkeit, sich zu entfalten,
▶ in der Gemeinde etwas bewegen zu können,
▶ an Gottes Reich mitzubauen,
▶ motivierte, begeisterte Mitkämpfer zu haben, die sich für das gleiche Ziel stark machen,
▶ die Liebe zu Gott auszudrücken.

Spüren Sie die Lust, sich sinnvoll einzubringen, haben Sie den Wunsch, etwas zum Guten zu bewegen, und die Sehnsucht nach einer spannenden und interessanten Tätigkeit? Wie wäre es, wenn Gemeinden sich nicht als händeringend Suchende, sondern als Anbieter von attraktiven, erfüllenden Jobs in liebevoll-herzlichem Umfeld positionieren würden? Aus dem Ruf nach Mitarbeitern würde ein Run auf freie Stellen werden.

Neben allen guten theologischen Gründen für Mitarbeit gibt es auch »marktwirtschaftliche«: Mitarbeit ist Geben und Nehmen. Stimmt das Angebot, so stimmt auch die Nachfrage. Wenn die Kirche interessantes, anspruchsvolles Engagement anbietet, findet sie auch Bereitschaft zur Mitarbeit. Wenn ihre Gemeinde Raum zur Entfaltung anbietet, stellen Ehrenamtliche begeistert ihre Gaben und Möglichkeiten zur Verfügung. Wenn Menschen in der Gemeinde Wertschätzung, Liebe in allen Formen von Zuwendung, Begleitung und Lebenshilfe erfahren, investieren sie sich gern mit ganzem Herzen. Wenn ihnen die Möglichkeit geboten wird, Gemeinde aktiv mitzugestalten, geben Ehrenamtliche ihre ganze Kraft.

Menschen müssen wissen, wer sie sind. Zu einem gesunden und wirkungsvollen Einsatz der Gaben gehört beides: das Wissen um die eigenen Stärken und um die eigenen Schwächen.

6 Menschen müssen wissen, wer sie sind.
Zu einem gesunden und wirkungsvollen Einsatz
der Gaben gehört beides: das Wissen um die
eigenen Stärken und die eigenen Schwächen.

»Denn ich sage durch die Gnade, die mir gegeben ist, jedem unter euch, dass niemand mehr von sich halte, als sich's gebührt zu halten, sondern dass er maßvoll von sich halte, ein jeder, wie Gott das Maß des Glaubens ausgeteilt.«[6] Den einen Teil der Botschaft haben Sie schon gehört: Sie haben mindestens eine herausragende Stärke. Doch zum Wissen um »das rechte Maß«, wie Paulus schreibt, gehört auch der zweite Teil: Sie haben auch mindestens eine herausragende Schwäche.

Die meisten Menschen wollen davon lieber nichts hören und blenden diesen Teil einfach aus. Ich schlage Ihnen einen anderen Weg vor: Freunden Sie sich mit Ihren Schwächen an! Nehmen Sie sie aus Gottes Hand an – genauso wie Ihre Stärken. Ich möchte Ihnen im Folgenden drei Gründe dafür nennen, die Sie gleichzeitig auch dabei unterstützen, mit Schwächen klug umzugehen:

1. *Ihre Schwächen zeigen Ihnen genauso wie Ihre Stärken Ihren Platz in der Gemeinde.* Es gibt keine Stärken ohne Schwächen, genauso wie es keine Berge ohne Täler gibt. Beides gehört zusammen und gemeinsam ergeben sie ein klares Profil. Schwächen sind Teil Ihrer Einzigartigkeit. Wären Sie ein Alleskönner, eine eierlegende Wollmilchsau, ginge der Charme Ihrer Individualität verloren.

Wenn Sie beginnen, auf Ihre Stärken zu setzen, werden auch Ihre Schwächen immer deutlicher sichtbar – so wie der

Wären Sie ein Alleskönner, eine eierlegende Wollmilchsau, ginge der Charme Ihrer Individualität verloren.

Schatten in dem Maße dunkler wird und schärfere Konturen bekommt, in dem das Licht heller wird. Machen Sie sich also Ihre Schwächen bewusst, aber nicht, indem Sie sich klein machen, sondern indem Sie ganz selbstbewusst und realistisch sagen: »Das bin ich nicht, das kann ich nicht, also tue ich es auch nicht.«

2. *Schwächen lehren Sie, dass Sie auf andere Menschen angewiesen sind.* Gott hat sich Gemeinde so gedacht, dass Menschen aufeinander angewiesen sind. Das zeigt das Bild vom Leib mit seinen Gliedern: Das Auge kann sehen, aber es braucht das Gehirn, um die Reize zu verarbeiten, und die Hand, um zu reagieren. Die Hand braucht umgekehrt das Auge und den Kopf, um zielgerichtet handeln zu können. Die Glieder können nur im Zusammenspiel als gesunder Leib funktionieren.

Kein Mensch – und sei er noch so genial – besitzt alle Gaben, die nötig sind. Selbst der Pfarrer nicht, obwohl es oft von ihm erwartet wird. Aber die Gemeinde als Ganze besitzt alle Gaben, die sie braucht.

Gemeindebau ist eine große Aufgabe. Kein Mensch – und sei er noch so genial – besitzt alle Gaben, die dazu nötig sind. Selbst der Pfarrer nicht, obwohl es oft von ihm erwartet wird. Aber die Gemeinde als Ganze besitzt alle Gaben, die sie braucht. Sie bindet die Stärken ihrer »Glieder« zusammen. Die Schwächen dagegen kommen nicht zum Tragen, wenn jeder bereit ist, sich an seiner Schwachstelle ergänzen zu lassen, wenn zum Beispiel der Sänger sagt: »Ich brauche den Techniker, damit meine Stimme zur Geltung kommt« und der Techniker erklärt: »Ich diene dem Musiker, die Technik ist kein Selbstzweck.« Es gibt immer einen Menschen, der Stärken besitzt, wo ich Schwächen habe, und der mich optimal ergänzen kann.

3. Ihre Schwächen sind Gottes Stärken. Es ist interessant: Gerade unsere Schwächen binden uns immer wieder an Gott, während unsere Stärken uns dazu verleiten, uns von Gott zu lösen: »Ich bin stark, ich komme schon allein zurecht.« Sie binden jedoch nicht nur den Einzelnen, sondern die gesamte Gemeinde an Gott und richten sie auf die Mitte aus: auf Christus. Er ist es, der uns Vision und Auftrag vor Augen malt. Er ist es, der Einheit schafft. Und er ist es, der die notwendige Energie schenkt. An unseren Grenzen erkennen wir Gottes Möglichkeiten, denn erst dann geben wir ihm meist die Chance zu wirken.

> *Gerade unsere Schwächen binden uns immer wieder an Gott, während unsere Stärken uns dazu verleiten, uns von Gott zu lösen.*

Schwächen sind kein Defizit. Sie sind eine unglaubliche Chance. Sagen Sie sich das jedes Mal, wenn Sie mit einer Ihrer Schwächen konfrontiert werden. Vielleicht können Sie dann eines Tages wie Paulus fröhlich und gelassen sagen: »Ich rühme mich meiner Schwachheit [...], denn [Gottes Kraft] ist in den Schwachen mächtig.«[7]

7 Gemeinden haben einen großartigen Auftrag:
Sie sollen Menschen für Gott gewinnen.
Jeder Mitarbeiter, egal, ob er spült, Kabel verlegt oder predigt, trägt dazu bei, dass Menschen gerettet und Leben verändert werden.

Ich liebe Teamarbeit. Es ist ein unbeschreiblich tolles, motivierendes Gefühl, mit anderen etwas gemeinsam zu tun. Selbst bei ganz einfachen Dingen fällt mir das auf: Körbe voller Bügelwäsche können mich manchmal an den Rand der Verzweiflung bringen. Wenn allerdings mein Mann sagt: »Ich helfe dir!«, ist alles nur noch halb so schlimm. Wenn ich allein jogge, tun mir schnell die

Beine weh, und ich beschließe, statt eines Dauerlaufs einen gemütlichen Spaziergang zu machen. Aber wenn ich mit anderen zusammen jogge, komme ich viel weiter, und es macht auch viel mehr Spaß. Teamarbeit motiviert, fordert heraus und ist effektiv. Gemeinden haben den Auftrag, Menschenleben zu verändern, und das lässt sich nur in Teamarbeit erreichen. Sind Teams richtig zusammengesetzt, bewahrheitet sich immer wieder die magische Formel für Synergieeffekte: 1 + 1 = 3.

Das Team (und auch die Gemeinde) ist mehr als die Summe seiner Einzelkämpfer. Voraussetzung dafür ist, dass die Arbeit im Team gemäß Neigung, Talent und Persönlichkeitsstil aufgeteilt ist. Es gilt allerdings, drei Fallen zu umgehen, die selbst mit gabenorientierter Aufgabenverteilung entstehen können:

1. »Ich bin besser, du bist schlechter!« Ausgesprochen wird dieser Satz selten, aber gedacht wird er oft in vielen Varianten: »Meine Gaben sind wichtig, deine Gaben sind unwichtig«, »Ich stehe auf der Bühne, du arbeitest im Hintergrund«, »Ich bin Leiter, du bist Mitarbeiter«, »Ich bin alt, du bist jung« bzw. »Ich bin jung, du bist alt«. Tatsächlich gibt es in der Gemeinde kein Besser oder Schlechter. Im Gegenteil: Es sind die kleinen Dienste im Hintergrund – die Menschen, die spülen, aufbauen, aufräumen, Zettel kopieren, Rechnungen schreiben –, die das Öl im Getriebe der Gemeinde ausmachen. »Gerade die Teile des Körpers, die uns besonders schwach und unbedeutend erscheinen, sind besonders wichtig«[8], schreibt Paulus. Man merkt erst, welche wertvolle Arbeit sie tun, wenn die Betreffenden einmal nicht zur Verfügung stehen. Man kann Menschen, die im Hintergrund dienen, gar nicht genug wertschätzen.

2. *»Moment mal, ich hätte gerne andere Gaben.«* Manchmal schaue ich in überraschte, um nicht zu sagen sogar enttäuschte Gesichter, wenn Menschen die Auswertung ihres Gabentests in den Händen halten. Sie wären gerne anders, hätten lieber ein anderes Profil und schauen neidisch zu denen hinüber, die »ihre« Gaben besitzen, die Gaben, die sie so gerne besessen hätten. Gaben-Neid ist allzu menschlich – und Enttäuschung auch. Beide sind aber leicht zu beheben. Machen Sie sich bewusst, dass jede Stärke nur in der Interaktion mit anderen Sinn macht. Die Menschen einer Gemeinde sind wie ein großes Puzzle und Sie sind ein Teil davon. Es gibt einen Platz, in den nur Sie hineinpassen. Ob das nun oben links ist, in der Mitte oder unten rechts: Sobald Sie sich am richtigen Platz befinden, erleben Sie Begeisterung, Erfüllung und erledigen beflügelt und effektiv Ihre Arbeit.

3. *»Wieso kannst du nicht, was ich kann?«* Menschen neigen dazu, die Gaben, die sie selbst besitzen, auf andere zu projizieren. »Warum verhältst du dich so anders?« – »Warum siehst du nicht die Arbeit, die ich sehe?« – »Warum tust du dich damit so schwer? Es ist doch so leicht.« Ist es das wirklich? Ja, natürlich ist es leicht. Aber nur für Sie. Was sich für Sie als Kinderspiel darstellt, kann einen anderen an den Rand des Wahnsinns treiben. Umgekehrt gilt dasselbe – auch wenn wir das oft nicht wahrhaben wollen. Wir Menschen sind verschieden – Gott sei Dank –, aber nicht um zu konkurrieren, sondern um uns zu ergänzen.

Vor einiger Zeit baute ich ein neues Team auf. Als Teamleiterin, so dachte ich, muss ich die Zügel in der Hand behalten, das heißt, die Teamtreffen selbst leiten und moderieren. Während des zweiten Treffens rutschte eines der Team-Mitglieder, ein moderationserfahrener Lehrer, unruhig auf dem Stuhl hin und her und begann, mir Tipps zu geben, wie ich die Sitzung effektiver moderieren könne. Es nervte mich furchtbar, und ich begann schon, mir Vorwürfe zu machen, dass ich mir einen solchen Querkopf ins Team geholt hatte. Doch irgendetwas trieb mich dazu, ihn zu fragen, ob er Lust hätte, das nächste Treffen zu leiten. Er willigte ein und machte seinen Job als Moderator ausgezeichnet – viel besser, als ich es hätte tun können. Das Spannende war: Ich hatte an Leitungskompetenz nicht verloren, sondern gewonnen, weil ich die für mich kräftezehrende Moderationsrolle abgegeben hatte. Aber noch viel wichtiger: Neben mir hatte vor allen Dingen das Team gewonnen. Dieses Team ist seit dieser Zeit mein Lieblingsteam. Ich merkte, wie herrlich befreiend es ist, als Teamspieler einfach nur das tun zu können, was ich gut leisten kann, und war Gott unendlich dankbar für die Menschen, die mich so wunderbar ergänzten.

8 Gemeinden müssen lernen, von den Entfaltungs- möglichkeiten der Menschen statt von den Pflichten her zu denken.

»Erst kommt die Arbeit, dann das Vergnügen.« Dieser Spruch kam mir schon als Kind verdächtig vor. Als ob Arbeit und Vergnügen ein Gegensatz wären! Für manche Arbeiten traf das vielleicht zu. Die schienen mir allerdings auch ziemlich überflüssig zu sein. Heute bin ich kein Kind mehr und habe vieles über Pflicht und Kür gehört, aber ich misstraue dieser Haltung noch immer. Arbeit sollte Vergnügen sein! Vielleicht nicht jeden Tag und jede Minute, aber auf jeden Fall zum größten Teil. Sonst läuft etwas gründlich schief.

»Moment mal!«, mag man einwenden, »funktioniert Kirche etwa wie die Spaßgesellschaft?«[9] Man tut, wozu man Lust hat, und alles andere interessiert nicht? Genau in diese Richtung weist das Prinzip gabenorientierter Mitarbeit, das heute wieder mühsam und unter harscher Kritik neu entdeckt wird. Zu paulinischen Zeiten war es selbstverständlich – dynamische Gemeinden waren ebenfalls selbstverständlich. Richtig ist auch, dass in der Gesellschaft immer weniger die Pflicht im Mittelpunkt steht, sondern immer stärker die Entfaltung des Einzelnen. Doch hier sollte Kirche sich nicht abgrenzen, sondern die unglaubliche Chance nutzen, *up to date* zu sein – aus guten theologischen Gründen.

Wer von den Entfaltungsmöglichkeiten der Menschen her denkt, entwickelt das Aufgabenprofil der Gemeinde anhand der vorhandenen Menschen.

»Schauen wir uns doch einmal den Alltag an: Seelsorge, Gottesdienste, Rasen mähen, Konfirmanden, Altennachmittage, Renovierung, Reparaturen, Schulunterricht, Beerdigungen, Hochzeiten – was ist mit dem Pflichtprogramm, das von den Gemeinden absolviert werden muss? Wenn jeder sich entfaltet, was wird dann aus diesen wichtigen Arbeitsbereichen?« Gute Frage! Erst einmal können wir feststellen, dass Gottes Plan sich vom kirchlichen Pflichtprogramm grundlegend unterscheidet. Gott hat die Menschen in einer Gemeinde nicht zufällig in dieser Zusammensetzung versammelt, sondern mit Plan. Weil er mit ihnen etwas ganz bestimmtes vorhat. Natürlich gibt es für alle Gemeinden einen allgemeinen Auftrag. Dieser besteht vor allen Dingen im Dreifachgebot der Liebe: »Du sollst Gott lieben und deinen Nächsten wie dich selbst«[10] und dem Befehl Jesu, mit dem er seine Jünger aussendet: »Gehet hin und machet zu Jüngern alle Völker. Taufet sie auf den Namen des Vaters und des Sohnes und des Heiligen Geistes und lehret sie halten alles, was ich euch befohlen habe.«[11] Diesem allgemeinen Auftrag steht ein spezifischer Auftrag gegenüber, der von den Möglichkeiten der Menschen vor Ort abhängt – und im Vertrauen auf Gottes Planungsweisheit umzusetzen ist.

Das heißt konkret:

Haben Sie Mut zur Einseitigkeit: Wer von den Entfaltungsmöglichkeiten der Menschen her denkt, entwickelt das Aufgabenprofil der Gemeinde anhand der vorhandenen Menschen. Hat man viele Musiker in der Gemeinde, wird Gottes Auftrag sehr musikalisch umgesetzt. Hat man viele Hirten, sind vielleicht Hauskreise das Medium, um Gemeinde zu bauen. Einseitigkeit ist keine Not, sondern die Folge einer Profilierung. Durch Gemeinden mit Profil wird Kirche heute attraktiv.

Haben Sie Mut zur Lücke: Lücken in den Reihen der Mitarbeiter werden nicht hektisch gestopft, sondern bleiben vakant, bis sich ein geeigneter Mitarbeiter gefunden hat, denn Menschen sind wichtiger als erledigte Aufgaben. Es ist besser, einen Aufgabenbereich für eine Weile ruhen zu lassen, als einen Mitarbeiter aus falsch verstandenem Pflichtbewusstsein heraus fehl zu platzieren.

> *Es ist besser, einen Aufgabenbereich für eine Weile ruhen zu lassen, als einen Mitarbeiter aus falsch verstandenem Pflichtbewusstsein heraus fehl zu platzieren.*

Haben Sie Mut zur Freude: Strafen Sie die Menschen Lügen, die glauben, Arbeit könnte nur mit zusammengebissenen Zähnen wirkungsvoll gemacht werden. Die Bibel ist da ganz anderer Ansicht: »Dienet dem Herrn mit Freuden!«, sagt der Psalmbeter[12]. Das ist eine Aufforderung! Denn Freude steckt an. Mit anderen Worten: Wer selbst nicht brennt, kann andere nicht entzünden. Henry Ford sagte einmal: »Begeisterung ist die Hefe, die deine Hoffnung himmelwärts treibt.« Begeisterte Menschen erkennen Sie daran, dass sie selbst gewöhnliche Dinge mit ungewöhnlicher Freude tun. Man spürt ihnen jederzeit in all ihren Worten, Gedanken, ihrer

Mimik und Körperhaltung Elan und Hingabe ab. Begeisterte Menschen weisen auf den hin, der Grund aller Begeisterung ist: ein begeisternder Gott.

9 Das Klima bestimmt, ob Wachstum geschieht.

»Kultur ist unsere Priorität Nummer Eins«, sagt Herb Kelleher, Gründer und Vorsitzender der amerikanischen Fluglinie *Southwest Airlines*. »In einem Geschäft, in dem jeder dieselben Flugzeuge, dieselbe Abfertigung und im Grundsatz auch dieselben Flugpreise hat, weiß Kelleher, dass der einzige wirkliche Unterschied zwischen den Fluggesellschaften die Menschen sind, die dort arbeiten.«[13] Man rätselt, wofür dieser Mann mehr bekannt ist: für seine Fähigkeiten, ein großes Unternehmen zu führen, oder für seine »Ich-habe-mehr-Spaß-als-irgendwer-sonst-auf-diesem-Planeten«-Haltung.

Es war das erste Mal, dass ich von einer Führung hörte, in der die »weichen«, oft wenig beachteten klimatologischen Faktoren die entscheidende Rolle spielen. Ja, mehr noch: dass der Erfolg eines Unternehmens direkt von seinem Klima abhängt. Die Geschichte von *Southwest Airlines* bestätigt die Philosophie seines Gründers: Das Unternehmen schreibt seit 26 Jahren schwarze Zahlen und hat ebenfalls seit dieser Zeit keinen Streik zu verzeichnen – und das im harten Geschäft amerikanischer Fluglinien.

Exakt die gleiche Erfahrung machten wir, als wir 2000 in der Andreasgemeinde Niederhöchstadt einen Gemeindekongress veranstalteten. Wir boten den rund 300 Besuchern einen nahezu perfekt organisierten Kongress, brillante Referate, mitreißende Musik, anspruchsvolle, manchmal auch urkomische Theaterstücke und einen gigantischen Service. Die Besucher hätten an diesem Kongress viel loben können, doch was sie immer wieder betonten, waren atmosphärische Faktoren: die freundlichen Zwischentöne, das Lächeln der Mitarbeiter trotz anstrengender Arbeit bei schweißtreibenden sommerlichen Temperaturen, die Hilfsbereitschaft, die über das geschäftsübliche Maß hinausging, die herzenden und scherzenden Menschen, von denen sie umsorgt wurden.

Die Kultur einer Gemeinde ist von ganz großer Bedeutung. Wenn in Ihrer Gemeinde zum Beispiel Herzlichkeit Teil der Kultur ist, dann wird dies überall spürbar: vom Begrüßungsdienst am Eingang, der den Menschen das Gefühl vermittelt, wirklich willkommen zu sein, über attraktive, einladende Gottesdienste bis hin zum Zustand der Toiletten.

Die Kultur bzw. das Klima entscheidet, ob eine Gemeinde wächst. Der Same in der Erde wartet auf die Wärme von außen, erst dann beginnt er, sich zu entfalten und zu gedeihen. Es ist bekannt, dass Babys nicht nur körperlich versorgt werden müssen, sondern vor allen Dingen Zuwendung, Körperkontakt und liebevolle Ansprache brauchen, um sich geistig und seelisch gut entwickeln zu können. So blühen bei günstigen klimatischen Bedingungen Menschen auf, während ein ungünstiges Klima Entwicklung verhindert oder, was noch schlimmer ist, Menschen zerstört.

Jesus hat sich Gemeinde als Familie gedacht. Seinen Jüngern sagte er: »Daran wird jedermann erkennen, dass ihr meine Jünger seid, dass ihr euch untereinander liebt.« Das ist nicht, wie oft angenommen wird, die Verheißung einer stets kuscheligen Gemeinde, sondern vielmehr der Auftrag, die Gemeinde trotz aller »Menscheleien« und strukturellen Widrigkeiten zu einer Familie – zu einem geborgenen Zuhause – zu machen. Familie bedeutet, dass Menschen in der Gemeinde vertrauensvolle, von Annahme geprägte Beziehungen finden, in denen sie sich öffnen, ihre Sorgen und Nöte miteinander teilen, sich zu einem veränderten Leben ermutigen, miteinander beten und einander Flügel verleihen können.

Bill Hybels, Hauptpastor von *Willow Creek,* erzählte einmal, er würde gerne hören, was die Menschen bei einem Besuch in der Gemeinde so nachhaltig bewegt, dass sie sich im Anschluss daran im Auto darüber unterhalten: ob der Prediger arrogant oder freundlich wirke, ob die Gags in der Moderation witzig oder platt waren, ob sie eine interessante Begegnung mit Mitarbeitern der

Gemeinde hatten oder ob die Menschen im Gottesdienst Gott erlebt haben. Nicht dass die Meinung der Leute alles ist, aber es wäre schon spannend zu erfahren, ob eine Gemeinde tatsächlich vermittelt, was sie vermitteln möchte. Ein heidnisches Zeugnis aus der frühen Christenheit besagt: »Seht, wie sie einander lieben.« Wenn das die »Heiden« unserer Tage einmal von uns sagen würden!

Das Klima in Ihrer Gemeinde wird wachstumsförderlich, wenn Sie drei Werten große Bedeutung beimessen: Wertschätzung, Fehlerfreundlichkeit und Experimentierfreude. *Wertschätzung* meint, dass Menschen für das, was sie tun und sind, viel Lob und Anerkennung bekommen. Wertschätzung ist ein Stück Lebenselixier. Jedes ernst gemeinte Lob beflügelt den Menschen, dem es gilt, und bringt einen positiven Ton in die Gemeinde. *Fehlerfreundlichkeit:* Wie lernen Kinder laufen? Indem sie aufstehen, hinfallen, liebevoll wieder aufgehoben werden, wieder hinfallen usw. Sie lernen nicht durch gradliniges Vorwärtsgehen, sondern durch die vielen kleinen Missgeschicke, die ihnen passieren und die jeder zum Anlass nimmt, sich ihnen freundlich zuzuwenden. Es sind ja noch Kinder. Diese Nachsicht und Anteilnahme bieten den Kindern eine Grundlage, auf der sie sich entwickeln und entfalten können – so schnell und so intensiv wie in keiner anderen Zeit ihres Lebens. »Wenn ihr nicht werdet wie die Kinder«, sagte Jesus, »werdet ihr nichts von Gottes Reich ahnen.« – »Steht auf, fallt hin, nehmt meine Hand, fallt wieder hin und seid euch gewiss, ich bin der Fehlerfreundlichste unter allen, denn ich möchte, dass ihr euch entwickelt.« *Experimentierfreude* meint ein Klima, in dem Menschen Ideen und Gaben ausprobieren können und dabei auf Unterstützung stoßen. Nur wer Neues wagt, wird wachsen.

Die Kultur Ihrer Gemeinde ist kein Schicksal, das Sie einfach hinnehmen müssen. Sie lässt sich gewiss nicht über Nacht verändern, aber Sie können schon heute damit anfangen.

10 Die Bibel kennt keinen Unterschied zwischen ehrenamtlichen Mitarbeitern und hauptamtlichen Pastoren. Gemeinden, die das Priestertum aller Gläubigen leben, sind lebendige Gemeinden.

Pfarrer bzw. Pastoren gelten in den Gemeinden als besonders wichtige Menschen, quasi Heilige. Die wesentlichen Aufgaben, nämlich die geistlichen, können nur von ihnen verrichtet werden: Nur sie verstehen wirklich, was in der Bibel steht, nur sie können predigen, nur sie können segnen, nur sie beherrschen die Kunst, Gottesdienste zu gestalten. Ein ganzer Katalog an ausgesprochenen und unausgesprochenen Erwartungen ist mit ihrem Amt verbunden. Und es besteht ein deutlicher Hierarchieunterschied zwischen dem »Normalsterblichen« und ihnen.

Doch was macht einen Pastor zum Pastor? Was unterscheidet ihn wirklich von anderen Mitarbeitern? Ist es das Theologiestudium, das ihm einen Wissensvorsprung verschafft? Sind es eine besondere Begabung, die öffentliche Ordination oder die Entscheidung, die Berufung zum Beruf zu machen?

> *Nur Pastoren verstehen wirklich, was in der Bibel steht, nur sie können predigen, nur sie können segnen, nur sie beherrschen die Kunst, Gottesdienste zu gestalten.*

Beim Blick in die Bibel gibt es eine erste verblüffende Antwort. Paulus macht in seinem Brief an die Gemeinde in Ephesus deutlich: »[Jesus] hat einige als Apostel eingesetzt, einige als Propheten, einige als Evangelisten, einige als Hirten und Lehrer, damit die Heiligen zugerüstet werden zum Werk des Dienstes. Dadurch soll der Leib Christi erbaut werden.«[14] Das bedeutet im Einzelnen, dass es erstens nicht nur *ein* geistliches Amt gibt, sondern ganz offensichtlich mehrere. Zweitens findet das Pastorenamt an dieser Stelle keine Erwähnung. Und drittens hat das Amt des Hirten, das dem Pastorenamt am nächsten kommt, keine herausragende Stellung. Es dient – wie die anderen auch – der Zurüstung der Heiligen, der Gemeindeglieder. Unser heutiger Pastor dagegen ist alles in einem: Libero, Tormann und Stürmer. Ist es da ein Wunder, dass er dieser Rollenerwartung nicht gerecht wird?

Gehen wir noch mal einen Schritt zurück: Ziel jedes Gemeindeaufbaus ist es, Menschen für Christus zu gewinnen und ihnen zu einem sinnerfüllten Leben zu verhelfen. Ist das einmal gelungen, bewirkt Christsein eine grundlegende und umfassende Lebensveränderung. Die Entdeckung der geistlichen Gaben ist eine von mehreren Veränderungen, die wie Lichter das Leben hell werden lassen:

Lebensfreude: Die leuchtenden Augen als Ausdruck der Begeisterung haben ihren tiefsten Grund in der Erfahrung von Gottes Gnade. Sie bewirkt, dass Menschen »Ja« zum Leben sagen.

Ja zu sich selbst: Wer Gottes Gnade erfahren hat, wer um Kreuz und Auferstehung weiß, muss sich von seinen Fehlern, Schwächen und Grenzen nicht mehr einschränken lassen.

Der Blick in die Ewigkeit: Die Verheißung des ewigen Lebens lädt ein, die eigene Lebensperspektive zu verändern und nach vorne zu blicken. Das gilt auch für den Gemeindebau. Er hat Ewigkeitswert, darum gilt es, in ihn zu investieren.

Der Schatz der Beziehungen: die Beziehung zu Gott lehrt uns, dass wir zuallererst Mitmensch sind und in Beziehungen leben sollen. Sie öffnet uns die Augen dafür, dass Beziehungen Dreh- und Angelpunkt unseres Lebens sind.

Richard Rohr schreibt in einem Aufsatz[15] über das heutige Pfarr- bzw. Priesteramt: »Priester scheinen immer auf die eine oder andere Weise ›Agenten der Transformation‹ zu sein, Menschen, die ›Wandlung bewirken.«

Priester bzw. Pastor ist, wer bei Menschen Lebensveränderung auslösen möchte. Voraussetzung dazu ist, dass er selbst durch Christus verändert wurde und ein spiritueller Mensch ist, das heißt, die göttliche Wirklichkeit hinter den Tatsachen unseres Lebens erkennt. Die Bibel lehrt das Priestertum aller Gläubigen, also dass jeder Christ zum pastoralen Dienst berufen ist. Das hat viele Konsequenzen, von denen ich an dieser Stelle drei nennen möchte:

1. Die Hierarchie zwischen Pastoren und Laien wird aufgehoben – und damit auch die Überforderung der Hauptamtlichen.
2. Die Kirche wird von einer breiten Masse von ehrenamtlichen Pastoren getragen und hat eine ernsthafte Chance, wie in biblischen Zeiten zu wachsen.
3. Die Menschen werden mündig, weil sie statt an den Lippen der Prediger zu kleben, sich selbst Gottes Wort erschließen, es verinnerlichen und weitergeben.

Das Priestertum aller Gläubigen bezieht sich nicht nur auf die so genannten geistlichen Bereiche wie Predigt, Hirtendienst oder Leitung der Gemeinde. Es erstreckt sich auf alle Bereiche, wenn sie darauf abzielen, Veränderungen im Leben von Menschen zu bewirken. Was das Priestertum aller Gläubigen für den Pfarrberuf und für die Gemeindeentwicklung bedeutet, ist sehr schön bei Klaus Douglass: »Die neue Reformation«, Kreuz Verlag, nachzulesen. Folgendes Lied, das wir in unserer Gemeinde häufig singen, erzählt davon:

Du sollst ein Segen sein

Du sollst ein Segen sein,
Gottes heller Widerschein.
Zeig der Welt, was Liebe ist,
weil du gesegnet bist.

Du sollst ein Segen sein,
Schwachen neue Kraft verleihn.
Zeig der Welt, was Hoffnung ist,
weil du gesegnet bist.
Du sollst ein Segen sein,
Menschen von der Angst befrein.
Zeig der Welt, was Glaube ist,
weil du gesegnet bist.

Du sollst ein Segen sein,
Wunden heilen, Schuld verzeihn.
Zeig der Welt, was Gnade ist,
weil du gesegnet bist.

Du sollst ein Segen sein,
wo die Menschen sich entzwein.
Zeig der Welt, was Frieden ist,
weil du gesegnet bist.

Fabian Vogt

Kapitel 3

Eine Schnupperreise durch D.I.E.N.S.T.

Wie Sie Ihr Potenzial entdecken

*I*n diesem Kapitel dürfen Sie auf den Geschmack kommen! Wir laden Sie ein, in einen D.I.E.N.S.T.-Kurs hineinzuschnuppern. Sie lesen von Neigungen, geistlichen Gaben und Persönlichkeitsstil, drei Teile, die Ihr individuelles Profil bilden. Lassen Sie sich anregen, über Ihr Profil nachzudenken, und beginnen Sie zu träumen, wo Ihr Platz in dieser Welt und im Leben Ihrer Gemeinde sein könnte. Vielleicht entwickeln Sie sogar schon konkrete Ideen.

1 Neigungen.
Der Ort, an dem Sie sich gerne einsetzen

Jeder Mensch hat bestimmte Neigungen, ganz individuelle Interessen, Motivationen, Wünsche, Leidenschaften. Das Symbol für die Neigungen ist unser Herz, das in der Bibel ein Sinnbild für das Zentrum unseres Wollens und Fühlens ist. Ihr Herz schlägt für bestimmte Themen, für bestimmte Menschengruppen, für Aktivitäten oder Umstände. Sie sind bei bestimmten Dingen hellwach, lebendig, aufmerksam, interessiert. Es gibt Themen, über die könnten Sie nächtelang reden, während andere Sie schon nach fünf Minuten schläfrig machen. Es gibt Arbeiten, bei denen Sie sich von Herzen gerne 110 %ig investieren, während Sie bei anderen nur auf ein baldiges Ende hoffen. Zum Beispiel war Henry Fords große Leidenschaft die Autos und Mutter Teresas Herz schlug für die Armen in Kalkutta.

Ihre gottgegebenen Neigungen sind das innere Leitsystem Ihres Lebens, der rote Faden, der sich durch Ihr Leben zieht. Sie bestimmen, was Sie interessiert und was Ihnen Erfüllung und Zufriedenheit schenken wird. Es ist wichtig, dass Sie Ihren natürlichen Interessen nachgehen und nicht krampfhaft Dinge machen, die Sie nicht in Begeisterung versetzen, denn dort erreichen Sie selten Großes.

Eine Neigung ist eine von Gott gegebene Leidenschaft, die uns dazu antreibt, einen besonderen Beitrag in der Welt zu leisten.

Es besteht jedoch ein Unterschied zwischen Ihren Neigungen und Ihren geistlichen Gaben. Erläutern möchte ich dies anhand eines Beispiels: Menschen, die eine Leidenschaft für kirchenferne Menschen haben, arbeiten zwar am gleichen Ort wie Menschen mit der geistlichen Gabe der Evangelisation, nämlich in der Nähe von kirchenfernen Menschen, aber was tun Letztere mit ihnen? Der Evangelist führt sie zum Glauben an Gott. Bei demjenigen, der seine Neigung dort verspürt, können aber auch andere Gaben zum Tragen kommen.

Ist er ein Leiter, leitet er möglicherweise ein Team, das evangelistisch tätig ist, ohne selbst auch nur ein Gespräch zu führen. Ist er ein Musiker, macht er Musik, die bei Kirchenfernen Interesse weckt. Ist er Lehrer, könnte er über Evangelisation lehren. Die Neigung bestimmt den Ort bzw. den Bereich, in dem Sie mitarbeiten, die geistliche Gabe, was Sie in diesem Bereich tun.

Neigungen kann man nur ganz schwer mittels eines Fragebogens einfangen. Im D.I.E.N.S.T.-Seminar gibt es zwar einen entsprechenden Test, dieser dient jedoch mehr dazu, Sie auf die richtige Spur zu bringen. Neigungen müssen erspürt werden. Und zwar indem Sie sich selbst beobachten und Ihr inneres Leitsystem, Ihren emotionalen Herzschlag, erkunden. Die drei folgenden Tipps können Ihnen dabei helfen:

1. Achten Sie auf Ihre (Lebens-)Träume. Und zwar sowohl auf Ihre nächtlichen Träume als auch auf Ihre Tagträume. Wovon träumen Sie, wenn Sie Ihre Gedanken schweifen lassen? Welche Bilder sehen Sie dann? Wie sehen Sie sich? Was tun Sie in Ihren Träumen? Ihre Träume verschaffen Ihnen Zugang zu Ihrem Unterbewusstsein, dem stärksten Leitsystem, das wir besitzen.

2. Achten Sie auf die Dinge, von denen Sie gerne reden. Stellen Sie sich doch einmal zwei Tage lang »neben« sich und hören Sie sich aktiv zu. Was sind Ihre Lieblingsthemen? Wovon schwärmen Sie? Was sind Ihre Lieblingswörter und Ihre Lieblingsbilder, die Sie beim Sprechen gebrauchen? Schreiben Sie diese auf und spüren Sie Ihnen nach.

3. Achten Sie auf die Menschen, deren Gegenwart Sie gerne suchen. Ihre Freunde sind nicht rein zufällig Ihre Freunde. Sie haben sie sich gesucht, weil Sie Gemeinsamkeiten verspüren oder weil diese Eigenschaften besitzen, die Sie auch gerne hätten. Was schätzen Sie an Ihren Freunden? Was suchen und finden Sie bei ihnen? Das ist ebenfalls ein Schlüssel zu Ihren Neigungen.

2 Die geistlichen Gaben.
Was Gott in Sie hineingelegt hat.

Geistliche Gaben, so lautet die Definition, sind besondere Fähigkeiten, die der Heilige Geist jedem Christen nach Gottes Vorstellung und Gnade gibt, zum Nutzen für den ganzen Leib Christi. Die Frage ist: Wie funktioniert diese göttliche Geschenkvergabe zur Geburtsstunde eines Christen? Denn es sind ja nicht nur Christen begabt, auch Nichtchristen verfügen über musikalische, kreative, lehrende, helfende, therapeutische, diakonische und leitende Begabungen. Sie zeigen sich von Kindesbeinen an und entfalten sich bei geeigneter Pflege und Förderung. Eine Lehrbegabung wird zum Beispiel schon beim Schüler sichtbar, der Nachhilfeunterricht gibt und andere dabei unterstützt, bessere Noten zu erreichen. Gottes Schöpferhand hat sie ihm von Anfang an mit auf den Weg gegeben. Wird dieser Mensch gläubig, so wird diese Gabe zum Charisma, zur Geistesgabe:

Geistliche Gaben sind besondere Fähigkeiten, die der Heilige Geist jedem Christen nach Gottes Vorstellung und Gnade gibt, zum Nutzen für den ganzen Leib Christi.

▶ wenn er sie erstens in den Dienst Gottes, unter die Leitung des Heiligen Geistes stellt und dem Aufbau der Gemeinde verfügbar macht,

▶ wenn er sie zweitens nach Gottes Trainingsplan trainiert, das heißt, Herausforderungen und Chancen, die Gott ihm zur Weiterentwicklung seiner Gaben anbietet, nicht ungenutzt vorüberziehen lässt und

▶ wenn er sie drittens in Liebe ausübt.

Es ist unwahrscheinlich, dass sich ein musikalisch völlig unbegabter Mensch im Zuge seiner geistlichen Neugeburt zum begnadeten Musiker entwickelt. Oder ein Chaot zum Gemeindeorganisator. Dann würde Gott das schöpferische Werk, das er in uns angelegt hat, *ad absurdum* führen. »Gratia naturam perficit«, sagte Thomas von Aquin – »die Gnade vollendet die Natur«, das heißt, die Geistesgaben bauen auf den natürlichen Gaben auf und bringen sie zur Entfaltung. Nicht alle natürlichen Gaben werden Geistesgaben, aber alle Geistesgaben sind bereits im Menschen angelegt.

Das Neue Testament lehrt, dass jeder Christ mindestens eine geistliche Gabe besitzt. Wie können Sie Ihre Gaben entdecken? Ein erster Zugang zu Ihren Gaben ist der Blick auf Ihr bisheriges Leben: Was können Sie richtig gut und konnten es schon von Kindesbeinen an? Für welche Fähigkeit(en) waren und sind Sie bekannt – bei Eltern, Lehrern, Mitschülern, in Studium oder Ausbildung und bei Kollegen und Freunden? Das sind Ihre natürlichen Gaben, die Gaben, die Gott Ihnen als Werkzeug zur Bewältigung Ihrer Lebensaufgabe mit auf den Weg gegeben hat. Aus diesem Pool wird Gott schöpfen, wenn er eine oder mehrere Ihrer Gaben in seinen Dienst nimmt.

Ein zweiter Zugang ist der Blick in die Bibel. Bei Paulus finden sich unter anderem drei Gaben-Kataloge (1. Korinther 12,8–10; 1. Korinther 12,18–30; Römer 12,4–8), die unterschiedliche Gaben in verschiedener Reihenfolge auflisten. Es gibt einige typische Gaben wie Prophetie, Aposteldienst, Erkenntnis, Lehre etc., die in allen Verzeichnissen erwähnt werden. Doch die Variationen weisen darauf hin, dass in unterschiedlichen Gemeindesituationen unterschiedliche Gaben gefragt waren. Auf der Grundlage dieser Gabenkataloge und der Erfahrung vieler Gemeinden wurde für das D.I.E.N.S.T.-Seminar eine Liste von Gaben entwickelt. Im Folgenden finden Sie jeweils eine kurze Beschreibung der einzelnen Gaben. Lesen Sie sich die Texte in Ruhe durch und notieren Sie sich alle Gaben, von denen Sie sich angesprochen fühlen.

Apostelamt

Man fühlt sich an die 12 Apostel erinnert, wenn man von dieser Gabe liest. Doch Apostel gibt es heute noch. Diese sind Pioniere, Menschen mit großer Initial-Kraft, die neue Dienstbereiche und Gemeinden aufbauen. Sie passen sich bewusst und sensibel an verschiedenste Umgebungen und Situationen (auch andere Kulturen) an. Apostel sind abenteuerlustig, sie sehen Möglichkeiten, wo andere Grenzen sehen, und packen neue Aufgaben an. Sie werden auf Grund ihrer geistlichen Autorität von vielen Menschen und Gemeinden als Pioniere anerkannt und betreuen deshalb oft mehrere Dienste in einer Gemeinde oder übernehmen übergemeindliche Aufgaben. Apostel sind die Strategen in der Gemeinde, die besonders im übergemeindlichen und überkonfessionellen Bereich Ideen entwickeln.

Auslegung von Sprachengebet

Diese Gabe ist das Äquivalent zur Gabe des Sprachengebets (vgl. ebd.). Menschen mit dieser Gabe legen das eigene Sprachengebet oder das eines anderen aus. Sie machen das Sprachengebet für alle verständlich und damit für die Gemeinde nützlich.

Barmherzigkeit

Menschen mit der Gabe der Barmherzigkeit helfen gerne anderen, die in Not sind: Arme, Kranke, Alte, Einsame, Menschen, die Krisen durchleben. Wer auch immer leidet, rührt das Herz des Barmherzigen und fordert ihn heraus, nach praktischer Hilfe zu suchen oder sie mit Liebe, Güte und Wertschätzung zu unterstützen. Barmherzigkeit zu üben ist für Menschen mit dieser Gabe keine lästige Christenpflicht, sondern ihr ureigenstes Bedürfnis.

Erkenntnis

Menschen mit dieser Gabe sind eifrige Wissenssammler. Sie sind neugierig auf neue Einsichten, studieren von Herzen gerne, systematisieren, analysieren und formulieren ihr Wissen zum Wohl der Gemeinde. Darum durchschauen sie oft komplizierte seelsorgerliche oder philosophische Fragestellungen und bieten Lösungsansätze.

Ermutigung

Luther übersetzt »Ermahnung« – das griechische Wort *para-klese* meint jedoch beides: Ermahnung und Ermutigung. Allerdings: Ermutigung, ein aufbauendes Wort, bewirkt oft mehr als manche Mahnung. Ermutiger schaffen ein positives Umfeld, in dem andere auftanken und hoffnungsvoll weitergehen können.

Evangelisation

Die Gabe der Evangelisation bezeichnet die Fähigkeit, Nichtchristen das Evangelium authentisch und ansteckend zu vermitteln, sodass diese zu Gott hingezogen werden und zum Glauben an ihn kommen. Evangelisten suchen und leben Freundschaften zu Nichtchristen. Evangelisten führen Menschen in Situationen, in denen sie eine Grundsatzentscheidung für oder gegen Jesus treffen können. Sie helfen ihnen dabei, die Kosten abzuwägen und erste Schritte im Glauben zu gehen.

Gastfreundschaft

Menschen mit dieser Gabe schaffen eine Umgebung, in der man sich wertgeschätzt und wohl fühlt. Sie sorgen für andere und bieten ihnen Gemeinschaft an, indem sie auf sie zugehen. Sie helfen Menschen, sich willkommen zu fühlen. Gastfreundliche Menschen suchen Wege, um andere miteinander in wertvolle Beziehungen zu bringen; sie helfen Menschen, sich in ungewohnten Situationen wohl zu fühlen.

Geben

»Geben ist seliger denn Nehmen«, heißt es. Aber nur wenige empfinden wirklich so. Die meisten Menschen nehmen lieber. Geber dagegen stellen gerne und freudig ihr Geld und andere Mittel zur Verfügung. Dabei wird mit der Gabe immer auch die Liebe Gottes weitergegeben. Das Geschenk wird zum Träger der Botschaft »Gott beschenkt dich.«

Gebet

Gebet ist die Gabe, regelmäßig für die Anliegen anderer Menschen zu beten und oft konkrete Ergebnisse zu sehen. Menschen mit dieser Gabe fühlen sich innerlich dazu getrieben, ernsthaft für bestimmte Menschen oder Ereignisse zu beten. Wenn sie von einer Notsituation hören, reagieren sie oft spontan mit dem Vorschlag, dafür zu beten, und nehmen das Anliegen auch in ihr persönliches Gebet auf. Sie sind davon überzeugt, dass Gott Gebet beantwortet und daraufhin handelt.

Glaube

Menschen mit dieser Gabe haben einen Glauben, der »Berge versetzt«. Selbst wenn die realen Umstände dagegen sprechen, glauben sie, dass Gott zu seinen Verheißungen steht und sie erfüllen wird. Mit ihrem unerschütterlichen Glauben stecken sie andere an, auf Gott zu vertrauen. Manche herausfordernden Projekte werden nur angegangen, weil Menschen mit der Gabe des Glaubens dazu ermutigen.

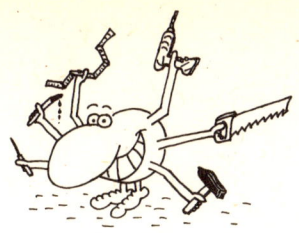

Handwerk

Handwerker haben Lust und Freude daran, Dinge zum Wohl der Gemeinde zu entwerfen, herzustellen und zu reparieren. Sie haben zwei »rechte Hände« und Geschick im Umgang mit Werkzeug und Materialien. Sie lieben es, mit ihren Händen zu arbeiten und hinterher die Ergebnisse zu sehen.

Heilung

Heilerinnen und Heiler sind in der Lage, durch Gottes Kraft Menschen an Leib und Seele gesund werden zu lassen. Sie stärken kranke und leidende Menschen, legen ihnen die Hände auf und erleben, dass diese Menschen auf wunderbare Weise gesund werden.

Helfen

Diese Menschen sind die »Heinzelmännchen«, die still und oftmals unbemerkt im Hintergrund viele nützliche Dienste erledigen. Sie sehen die Kleinigkeiten und erledigen sie, bevor man sie gefragt hat. Sie unterstützen so die Gaben und die Arbeit von anderen. Es macht ihnen Freude, andere zu entlasten.

Hirtendienst

Der Hirte sammelt seine Schafe zusammen und sorgt für sie. Menschen mit der Gabe des Hirtendienstes scharen eine Gruppe von Menschen um sich, um die sie sich treu und zuverlässig kümmern und die sie dabei unterstützen, geistlich zu wachsen.

Kreativität

Menschen mit dieser Gabe nutzen ihre künstlerischen Ausdrucks-
formen, um von Gott zu erzählen: Musik, Gesang, Malen, Theater,
Video, Literatur, Basteln, Gestalten etc. Sie sprudeln vor Ideen,
wie man das Evangelium auf neue Art ausdrücken kann.

Lehren

Die biblische Botschaft muss nicht nur weitererzählt, sondern
auch erklärt werden. Lehrer sind Menschen, bei denen man gut
und gerne lernt und versteht. Sie verdeutlichen die Zusammen-
hänge des Evangeliums, indem sie auf die Fragen und Bedürfnisse
der Zuhörer eingehen.

Leitung

Wenn man sich mit dieser Gabe beschäftigt, macht man die interessante Feststellung, dass die Leitungsgabe nur in zwei von drei paulinischen Gabenkatalogen Erwähnung findet und dort erst an vorletzter Stelle aufgezählt wird. Ganz so, als wolle Paulus sagen: »Ihr Leiter, nehmt euch mal nicht so wichtig, sondern dient der Gemeinde wie die anderen auch.« Christen mit der geistlichen Gabe der Leiterschaft erkennt man daran, dass Menschen ihnen folgen, und zwar nicht, weil sie auf Macht pochen, sondern auf Grund natürlicher Autorität.

Organisation

Organisatorinnen und Organisatoren lieben Pläne, Handlungsabläufe, Ziele und Effektivität. Christian Schwarz schreibt dazu: »Der Unterschied zwischen der Gabe der Leitung und der Gabe der Organisation entspricht dem Unterschied zwischen dem Kapitän und dem Steuermann eines Schiffes. Der Kapitän trifft die grundlegenden Entscheidungen, wohin das Schiff fahren soll, während der Steuermann gemeinsam mit der Mannschaft das Schiff zum Bestimmungshafen bringt.«[1]

Prophetie

Eine unglaublich wichtige, leider oft nicht ausgeübte Gabe: Menschen mit der Gabe der Prophetie haben ein Gespür dafür, wohin Gott die Gemeinde oder auch Einzelne führen will oder wie eine Situation aus der Perspektive Gottes gesehen und gedeutet werden kann.

Sprachengebet

Als Sprachengebet bezeichnet man die Gabe, in einer Sprache, die der Sprecher nicht kennt, zu reden, zu beten oder Gott zu loben. Im Allgemeinen dient das Sprachengebet der persönlichen Auferbauung des Betenden, weil das Gebet nicht durch den »Flaschenhals« unseres Verstandes gehen muss, sondern unmittelbar »mit unaussprechlichem Seufzen« (Röm 8,26) zu Gott gesprochen wird. Menschen mit dieser Gabe können aber auch eine Botschaft von Gott bekommen, die der Gemeinde mittels der Gabe der Auslegung von Sprachengebet verständlich gemacht wird. Das Sprachengebet kann für das private Gebet oder in der Gemeinde gebraucht werden. Im Rahmen der Gemeinde sollte es gemäß 1. Korinther 14, wenn möglich, ausgelegt werden.

Unterscheidung der Geister

Diese Menschen spüren intuitiv, was richtig ist und was falsch, was von Gott kommt und was nicht, welche Motive gut und welche nicht gut sind. Sie forschen nach den Absichten hinter den Handlungen und können zwischen Schein und Sein unterscheiden.

Weisheit

Anders als bei der Gabe der Erkenntnis geht es bei der Gabe der Weisheit darum, die Einsichten und geistlichen Wahrheiten auf eine konkrete Situation anzuwenden. Menschen, die diese Gabe besitzen, können in schwierigen Situationen gute Ratschläge geben. Sie sind lebenserfahren und suchen bei allem Wissen den Bezug zum Leben. Sie atmen Vertrauen zu Gott und bleiben darum gelassen in der Gewissheit, dass Gott eine Lösung bereithält.

Wundertaten

Menschen mit dieser Gabe sind imstande, durch Gottes Kraft Dinge zu vollbringen, die weit über das hinausgehen, was durch menschliches Vermögen möglich ist. Sie weisen mit diesen Taten auf Gott und seine Macht hin und verherrlichen ihn dadurch. Sie vertrauen auf Gottes Macht, auch wenn die äußeren Umstände dagegen sprechen.

Beim Durchlesen dieser Liste fanden Sie vielleicht einige Gaben, von denen Sie glauben oder wissen, dass Sie sie besitzen. Notieren Sie diese in der untenstehenden Tabelle und vergeben Sie Prioritätspunkte: 3 Punkte für »ganz besonders zutreffend«, 2 Punkte für »zutreffend« und 1 Punkt für »ein bisschen zutreffend«.

Gabe: *Priorität:*

_____   _____

_____   _____

_____   _____

_____   _____

_____   _____

_____   _____

_____   _____

Der dritte und letzte Zugang zu den Gaben ist ein D.I.E.N.S.T-Seminar. Dort können Sie unter Anleitung einen ausführlichen Gabentest durchführen, der Ihre eigene Einschätzung abprüft und zur Ergänzung und Korrektur die Bewertung von Menschen, die Sie gut kennen, erhebt. Als Ergebnis erhalten Sie ein differenziertes Bild Ihrer Gaben, das Sie in Gesprächen zu zweit, in Kleingruppen und mit dem D.I.E.N.S.T.-Berater verstehen und mit Ihrem Leben in Einklang bringen werden. Gaben sind das zweite Element des D.I.E.N.S.T.-Profils und beantworten die Frage, was Sie machen können. Gaben sind auch Auf-Gaben. Gott hat Ihnen eine ganz bestimmte Gabenkombination gegeben, damit Sie diese zum Bau seines Reiches einsetzen können.

3 Ihr Persönlichkeitsstil.
Die Art und Weise, wie Sie Dinge erledigen.

Darf ich Sie zu einem Experiment einladen?

Legen Sie das Buch bitte vor sich hin und falten Sie die Hände, als wollten Sie beten! Prima! Nun schauen Sie sich Ihre Hände an: Liegt Ihr rechter Daumen oben, sind Sie ein sinnlicher Mensch – Sie lieben Romantik, tolle Sinneserlebnisse und genießen die Freuden des Daseins. Liegt Ihr linker Daumen oben, sind Sie ein erfolgreicher Mensch. Was Sie sich vornehmen, erreichen Sie. Was auch immer Sie anpacken, verwandelt sich in Gold.

Glauben Sie mir? Nein? Dann haben Sie Recht! Die Deutung stimmt natürlich nicht. Aber vielleicht gehören Sie zu den Menschen, die hektisch den Daumen gewechselt haben, je nachdem, ob sie lieber sinnlich oder erfolgreich sein wollen. Dabei haben Sie gemerkt, dass es gar nicht so einfach ist, den anderen Daumen nach oben zu legen.

Wenn wir uns mit Problemen oder Aufgaben konfrontiert sehen, besitzt jeder von uns eine bevorzugte Strategie zu ihrer Lösung. Diese Strategie bezeichnet man auch als den Persönlichkeitsstil – die dritte Komponente, die laut D.I.E.N.S.T. zum persönlichen Profil gehört. Er wird, wie folgt, definiert:

»Unser *Persönlichkeitsstil* beschreibt, wie wir eine Aufgabe anpacken. Er besteht aus zwei Dimensionen. Die erste sagt aus, woher wir unsere Energie bekommen (vornehmlich aus Aufgaben oder Beziehungen), die zweite beschreibt, wie wir uns organisieren (strukturiert oder unstrukturiert). Der Persönlichkeitsstil ist von Gott gegeben und es gibt keinen besseren oder schlechteren Persönlichkeitsstil.« Der Persönlichkeitsstil zeigt uns also, »wie« wir etwas tun.

1. Energie: aufgaben- oder personenorientiert

Was lädt unsere inneren Batterien auf – Aufgaben oder Personen? Ich möchte Ihnen dies anhand eines Beispiels illustrieren. Schauen wir uns zwei Personen an, Georg und Karin.

Jedes Mal, wenn Georg eine Besprechung hat, kommt er eine halbe Stunde früher. Er liebt es, sich erst noch mit seinen Kollegen zu unterhalten, bevor die Sitzung offiziell beginnt. Er möchte wissen, wie es den anderen Leuten seit der letzten Sitzung erging und was sie erlebt haben. Die Tagesordnung der Sitzung interessiert ihn nur in zweiter Linie, aber die Auseinandersetzung und die Begegnung mit Menschen reizen ihn sehr. Eine Tätigkeit, bei der er nur am Computer sitzen würde, wäre für Georg ein Alptraum. Eine Sitzung ohne Smalltalk nervt ihn. Er hat das Gefühl, er arbeitet an den Leuten vorbei und ist nicht so begeistert wie gewöhnlich.

Ganz anders Karin: Sie kommt jeden Montagmorgen in die Gemeinde, um die Karteikarten der Leute zu aktualisieren, die neu in die Gegend gezogen sind. Sie weiß, wo sie diese Karten findet, und nimmt sie direkt mit an den Computer, wo sie gleich alle Daten eingibt. Wenn sie die Daten ausgedruckt hat, verteilt sie die Informationen an die Leute, die sie brauchen. Karin hätte die Gelegenheit, unterwegs bei einigen Mitarbeitern vorbeizuschauen. Das macht sie aber nur selten. Sie kann nicht entspannt mit den Leuten reden, wenn sie weiß, dass noch eine Menge unerledigter Aufgaben auf sie warten. Danach ist sie für eine Unterhaltung offen. Sie liebt es aber, zuerst die Aufgaben zu erledigen. Es freut sie, wenn die Bedürfnisse der Menschen mit ihrer Hilfe erfüllt werden können.

Was ist der Unterschied zwischen Georg und Karin? Georg ist *personenorientiert*; Karin ist *aufgabenorientiert*. Sie erledigt gerne Aufgaben für andere Menschen, aber der Kontakt mit Menschen ist für sie eher anstrengend. Sie liebt es, Ziele zu erreichen und Aufgaben voranzutreiben. Umgekehrt tanken personenorientierte Menschen wie Georg auf, wenn sie mit Menschen zusammen sind und -arbeiten. Gemeinschaft zu erleben und zu fördern, ist für sie oberste Priorität. Aufgaben sind ihnen lästig, besonders, wenn sie sie allein erledigen müssen.

2. Organisation: strukturiert – unstrukturiert

Die zweite Dimension des Persönlichkeitsstils fragt danach, wie Sie sich organisieren: Sind Sie ein strukturierter oder unstrukturierter Mensch? Lieben Sie es zu planen oder handeln Sie lieber spontan? Auch hier soll ein Beispiel verdeutlichen, was damit gemeint ist:

Vera wird gebeten, auf einer Konferenz ein Referat über das Thema »Geschäftsfrau und Christin« zu halten. Zwei Tage vor der Veranstaltung fragt ihre Sekretärin, wie sie an dieses Thema herangehen wird. Zu ihrer Überraschung lautet Veras Antwort: »Ich weiß noch nicht. Ich nehme verschiedene Referate mit und entscheide vor Ort, welches ich halte.«

Für Heinz ist es dagegen wichtig, dass er alles geregelt hat. Er plant seine Woche gerne sorgfältig durch. Und wenn er weiß, dass er etwas erledigen muss, tut er dies am liebsten sofort, als sich später noch Gedanken darüber machen zu müssen. Er notiert sich alle seine Aktivitäten und für jede Tätigkeit setzt er eine Priorität fest: Einkaufen, Arbeit, Zeit mit der Familie, Gemeinde und politisches Engagement.

Was ist der Unterschied zwischen beiden? Vera ist *unstruktu-riert.* Sie liebt es, sich verschiedene Möglichkeiten offen zu halten und in einer Situation aus dem Bauch heraus zu entscheiden. Pläne engen sie ein und rauben ihr die Arbeitslust. Heinz ist *strukturiert.* Er setzt gerne Prioritäten und plant sorgfältig. Innerhalb seiner Struktur fühlt er sich wohl und sicher.

Was sind Sie? Aufgaben oder Menschen zugewandt? Strukturiert oder unstrukturiert? Manche erkennen anhand dieser Beschreibungen sofort ihren Persönlichkeitsstil. Wenn Sie sich nicht gleich einordnen können, beobachten Sie einmal ein paar Tage, was Ihnen mehr Energie gibt: die Erledigung von Aufgaben oder das Zusammensein mit Menschen? Das Planen von Aktivitäten oder Spontaneität? Es ist wichtig zu wissen, dass es bei jeder Dimension unterschiedliche Intensitäten gibt: Sie können zum Beispiel 100 %ig, durchschnittlich oder nur leicht aufgabenorientiert sein.

Und was nun?

Sie sind am Ende des Schnupperkurses angekommen, doch Sie stehen erst am Anfang einer spannenden Entdeckungsreise. Auf dieser Reise gibt es Meilensteine, an denen es sich lohnt vorbeizukommen. Diese sind:

Das Gebet: Gott hat Ihnen all Ihr Potenzial geschenkt. Gibt es etwas Besseres, als direkt mit ihm Kontakt aufzunehmen und ihn zu bitten, Sie auf Ihrer Entdeckungsreise zu begleiten?

Das D.I.E.N.S.T.-Seminar: Der Alleingang ist nicht empfehlenswert. Um intensive Erfahrungen zu machen und Erkenntnisse zu gewinnen, brauchen Sie den Gruppenprozess und die anderen Menschen, die mit Ihnen gemeinsam nachdenken und Ihnen Rückmeldung geben.

D.I.E.N.S.T.-Beratungsgespräch: Dieses abschließende Gespräch ist ein wesentlicher Bestandteil des D.I.E.N.S.T.-Seminars.

Neigungen, geistliche Gaben und Persönlichkeitsstil werden zu Ihrem Profil zusammengefasst, und Sie überlegen gemeinsam mit dem D.I.E.N.S.T.-Berater, welches Betätigungsfeld gerade jetzt in Ihrer konkreten Gemeindesituation dazu passen könnte.

> *Gaben sind Auf-Gaben. Nur wenn Sie es einfach ausprobieren, werden Sie feststellen, ob Sie sich wirklich an der richtigen Stelle engagieren.*

Experimentieren: Gaben sind Auf-Gaben. Nur wenn Sie es einfach ausprobieren, werden Sie feststellen, ob Sie sich wirklich an der richtigen Stelle engagieren. Beobachten Sie sich selbst: Macht Ihnen die Arbeit Spaß? Überprüfen Sie nüchtern Ihre Wirksamkeit: Wenn Sie der Meinung sind, dass Sie die Gabe der Leitung haben, sollten Menschen Ihnen gerne folgen. Wenn Sie der Meinung sind, dass Sie die Gabe der Gastfreundschaft haben, sollten sich Leute bei Ihnen wohl fühlen usw. Wenn Sie sich nicht wohl fühlen bzw. nicht effektiv eingesetzt fühlen, suchen Sie sich mit Hilfe des D.I.E.N.S.T.-Beraters einen anderen Platz.

Coaching: Ein kompetenter Gesprächspartner begleitet das Experimentieren unterstützend und liebevoll.

Kapitel 4

Die offenen Türen der Gegenwart

Wie die Kirche in der heutigen Zeit mit D.I.E.N.S.T. ihre Chancen nutzen kann

*D*as Heute ist immer anders, als wir es uns wünschen. Aber statt darüber zu klagen, dass sich die Zeiten ändern, und den vergangenen nachzutrauern, können wir mit göttlichen Mitteln in die Gegenwart hineinwirken. Dazu brauchen wir das Wissen um die Möglichkeiten, die die gegenwärtige gesellschaftliche Situation bietet, und den Mut, die eingetretenen, nicht zum Ziel führenden Wege zu verlassen.

Bevor er die Welt erschuf, machte sich Gott bereits Gedanken über jeden Einzelnen. Bei der geistlichen Neugeburt schenkt er uns in seiner Weisheit und Liebe geistliche Gaben. Die Führung des Heiligen Geistes erleben wir unter anderem ganz stark durch das Gabenprofil, das uns zeigt, was Gottes Wille für unser Leben ist und wie wir den Auftrag vollbringen sollen.

Aus diesem Grund sollten wir uns drei Dinge zu Herzen nehmen:

1. *Wir sind Beschenkte!* Das ist eine göttliche Tatsache. »Das alles bewirkt ein und derselbe Geist. Und so empfängt jeder die Gabe, die Gott ihm zugedacht hat.«[1] Nicht irgendein Staatsoberhaupt hat uns ein Präsent gesandt. Der lebendige Gott persönlich! Unfassbar und doch real!

2. *Gott schenkt mit Köpfchen!* Wie schlecht fühlten sich meine Frau und ich, als wir entdecken mussten, dass uns jemand jahrelang die Überreste des jährlichen Missionsbasars zu Weihnachten geschenkt hatte. Und wie geliebt und wertgeschätzt fühlen wir uns, wenn wir schon beim Auspacken spüren, dass sich Freunde Mühe gegeben haben, um herauszufinden, was uns besondere Freude macht oder was uns gerade am meisten fehlt. Gott schenkt uns nicht einfach irgendetwas für das Bücherregal. Er schenkt mit Köpfchen. »Deshalb hat Gott jedem einzelnen Organ des Körpers seine besondere Funktion gegeben, so wie er es wollte.«[2] Es entspricht Gottes Wesen, uns gute Dinge zu schenken. Er macht sich Gedanken über unser Leben und hat für jeden nur das Beste im Sinn. Und es sind Gedanken des Friedens, nicht des Leides. Er will uns und unserem Nächsten damit Freude bereiten. Und uns für den Auftrag ausrüsten.

3. Suche deinen Platz und den Platz des anderen. Ich las vor einer Weile die Geschichte eines Ehepaars, das sich endlich nach langem Warten ein eigenes Haus leisten konnte. Als das Haus fertig war, fuhren die beiden zur Baumschule und kauften sich Bäume, Sträucher und allerlei Samen. Sie gingen nach Hause, pflanzten die Bäume, Sträucher, Blumen und säten den Rasen ein.

Eines Nachmittags stand der Mann im Garten und beklagte sich bei seinem Nachbarn darüber, wie frustriert er mit seinen Pflanzen sei. Er zeigte ihm, dass einige wirklich gut wuchsen, andere aber immer wieder eingingen. Er sei wieder zur Baumschule gefahren und habe neue gekauft, aber es habe nichts genutzt; sie seien wieder eingegangen. »Ich werde zu einer anderen Baumschule gehen müssen, wo es bessere Pflanzen gibt!«

Der Nachbar machte nur eine einzige Bemerkung: »Diese Pflanzen werden hier, an der Nordseite des Hauses, nicht wachsen!«

»Warum denn?«, entgegnete der Hauseigentümer.

»Diese Pflanzen brauchen direktes Sonnenlicht. Haben Sie noch nie bemerkt, dass die Sonne nicht direkt an die Nordseite Ihres Hauses scheint? Sie sollten die Pflanzen dahin pflanzen, wo sie so viel Sonnenlicht erhalten, wie sie zum Wachsen brauchen.«

Es war so einfach. Noch nie hatte ihm jemand erklärt, dass Gott jede Pflanze mit anderen Bedürfnissen geschaffen hatte. Eine Pflanze, die direkte Sonneneinstrahlung braucht, wird gedeihen oder eingehen, je nachdem, wie viel Sonne sie bekommt. Eine andere Pflanze, die Schatten braucht, wird eingehen, wenn sie direkt in der Sonne steht. Also waren die scheinbar schlechten Pflanzen, die er gekauft hatte, doch nicht schlecht. Er hatte sie einfach an den falschen Ort gepflanzt.

Immer wieder fühlen sich Mitarbeiter wie diese Pflanzen, die an den falschen Standort gesetzt wurden. Aber sie sind keine schlechten Mitarbeiter, sondern wertvolle, von Gott begabte Geschöpfe. Wie wir alle! Warum bemühen wir uns dann in unseren Kirchen nicht verstärkt darum, gemeinsam den eigenen Platz und den des anderen zu suchen und nicht aufzugeben, bis wir ihn für jede und jeden gefunden haben?

> *Immer wieder fühlen sich Mitarbeiter wie Pflanzen, die an den falschen Standort gesetzt wurden. Aber sie sind keine schlechten Mitarbeiter, sondern wertvolle, von Gott begabte Geschöpfe.*

Kirche, wie sie sich Gott vorgestellt hat, ist traumhaft ansteckend und wirkt nach außen. Das sehen wir in der Apostelgeschichte. Und eben solche Kirchen brauchen wir dringend, denn eine Kirche, die nicht nach dem Traum Gottes funktioniert, wird für alle Beteiligten zum Alptraum. Jede Kirche wird aber einladend, wenn sie bemüht ist, anhand der Gaben, der Leidenschaften und des Persönlichkeitsstils den richtigen Platz für jedes Mitglied zu finden. Paulus wies in seinem Brief an die Korinther darauf hin, wie wichtig es ist, dass sich die Gemeinde mit den Gaben ihrer Mitglieder auseinander setzt, als er schrieb: »Nun möchte ich mit euch [...] noch über die Gaben des Heiligen Geistes sprechen.«[3] Das D.I.E.N.S.T.-Programm kann Sie in diesem Prozess unterstützen. D.I.E.N.S.T. ist sicherlich kein Zaubermittel, aber ein zauberhaft gutes Mittel auf dem Weg zu Gottes

90

Traum. Weil Gott mit Köpfchen schenkt, lohnt es sich, ihm auf die Spur zu kommen.

Der unerfüllte Traum Gottes

Es wäre unklug, Gottes Weisheit nicht zu beachten, und eine fatale Selbsttäuschung, seine Prinzipien für den Organismus »Gemeinde« als problematisch und unrealistisch abzutun. Gottes Auftrag für diese zerrüttete Welt ist zu entscheidend, um seinen Plan und die Hilfsmittel, die er uns anvertraut hat, nicht zu beachten und nur aus unserer beschränkten Sicht heraus zu »wursteln«. Der heutige Zustand sehr vieler Gemeinden im deutschsprachigen Raum spricht Bände: Mehr Saftladen statt Kirche im Saft.

> *Der heutige Zustand sehr vieler Gemeinden im deutschsprachigen Raum spricht Bände: Mehr Saftladen statt Kirche im Saft.*

Es gibt einzelne Gemeinden, die Gottes Traum nahe kommen. Aber an der Kirche im Allgemeinen kann man noch wenig davon erkennen. Es kommen nicht täglich Menschen zum Glauben, weil sie an unserem Leben nicht erkennen können, wie großartig unser Gott ist. Wir brauchen nebst Karfreitag, Ostern auch Pfingsten – also den Heiligen Geist und seine Gaben. Wir müssen diese Kirche nicht neu erfinden. Gott hat sich bis in viele kleine höchst entscheidende Details einen wunderbaren Plan ausgedacht.

Teams und das Geheimnis der Blumenzwiebeln

Ich erlebe es immer wieder, dass Teams einer Ansammlung von Blumenzwiebeln ähneln: Jedes Mitglied gleicht dem anderen. Die einen sind kleiner, andere etwas größer, schlanker oder runder, aber im Grunde sind sie alle gleich. Daraus entstehen langweilige, vor sich hin modernde Blumenzwiebel-Teams. Wenn in einer Gemeinde jedoch ein neues Klima initiiert wird, entsteht im Kern dieser Zwiebeln neues Leben. Durch Wärme von außen kommt tief in jedem etwas zur Entfaltung. Die schützende Schale wird gesprengt. Eine 08/15-Knolle wird zur Freude vieler zur einmaligen, strahlenden Blume.

Gott hat vor der Schöpfung über unser Leben nachgedacht und vorgesorgt. Egal, wer und wo wir sind – Gott will unser Potenzial zur Entfaltung bringen. Das Klima ist entscheidend dafür, dass Menschen aufblühen und Früchte tragen. Es ist wichtig, dass das Klima in der Gemeinde ein Klima der Freisetzung, der Entfaltung, des Gedeihens ist.

Die besten Wachstumsvoraussetzungen sind Liebe und Wertschätzung. In einem wachstumsfördernden Klima sind die Menschen gerne bereit, ihr Bestes zu geben, weil sie die Gewissheit haben, dass sie Fehler machen dürfen. Es entsteht ein ganz neues Dienstverständnis, das faire Kritik und überschäumende Freude zulässt. Kirche sollte keine Anhäufung unentwickelter Knollen sein. Ich staune immer wieder, wie der Heilige Geist das D.I.E.N.S.T.-Seminar gebraucht, um eine klimatologische Veränderung auszulösen. D.I.E.N.S.T. nimmt Menschen ernst und verfolgt Gottes Traum.

Warum mit dem Bagger, wenn es auch mit dem Teelöffel geht?

Man kann eine Baugrube mit dem Teelöffel oder mit dem Bagger ausheben. Auf die Kirche übertragen bedeutet dies, dass sich drei bis vier Generationen mühsam für eine Aufgabe abrackern können, aber keine messbaren Erfolge zu sehen bekommen. Sie löffeln im Glauben und beruhigen sich damit, dass sie den Segen vielleicht gar nicht mehr erleben werden, aber: »Wo der Herr nicht das

Haus baut, da arbeiten die Arbeiter umsonst.« Allerdings wahr.
Wahr ist jedoch auch, dass der Herr lastwagenweise Werkzeug-
container zur Baustelle transportiert hat. Er selbst! Der Bauplan ist
da, das Werkzeug ist da. Alles bereit. Aber mit Taschenmesserspit-
zen und Teelöffeln versucht die Kirche, Gottes große Vision zu
verwirklichen, und zelebriert die Fruchtlosigkeit der Endzeit.

Um Gottes Traum von der Berufung jedes Einzelnen zum
Dienst in der Gemeinschaft im 21. Jahrtausend verwirklichen zu
können, gebraucht Gott Menschen und Kirchen, die sich seine gesamte Werkzeugkiste zu Eigen machen. Ich beobachte immer wieder ein Phänomen: Wenige leben mit der ganzen Gabenvielfalt, die
das neue Testament beschreibt. Je nach Stil der Kirche werden einzelne Elemente des Gabenkatalogs betont oder verdrängt. Die
einen picken sich die spektakulären Gaben heraus, die anderen gerade diese nicht. Wieder andere reden lieber gar nicht von geistlichen Gaben. Auf die eine oder andere Weise wird aber Gottes
Traum von seiner Gemeinde einfach ausgesperrt.

Damit sich dies ändert, gehört schleunigst das richtige Werkzeug in motivierte Mitarbeiterhände. Dieses Ziel verfolgt auch
D.I.E.N.S.T. Das Programm unterstützt dabei, ein ganzheitliches,
fundiertes neutestamentliches Verständnis zu entwickeln, ohne das
spezielle Gaben betont oder ausgeklammert werden.

Der gesellschaftliche Wandel von den Pflichtwerten zu den Entfaltungswerten

Unsere Gesellschaft ist einem ständigen Wertewandel unterworfen. Einer dieser umwälzenden Prozesse vollzog sich beispielsweise in der Zeit der Reformation, als Veränderungen eintraten, auf die wir uns noch heute berufen. Wenn unsere Kirchen immer wieder den so genannten Werteverfall brandmarken und beklagen, dann ist dies ein fataler Irrtum.

Wenn wir über den Entfaltungswert »Kreativität« nachdenken, klingt bereits der Begriff an sich in den Ohren vieler suspekt und Gemeindeleitungen wittern das vollkommene künstlerische Chaos.

Unsere Zeit und die Gesellschaft, in der wir uns bewegen, haben sich weg von den Pflichtwerten hin zu den Entfaltungswerten entwickelt, das heißt von Dienstbereitschaft, Gehorsam und Traditionsbindung weg und hin zu Kreativität, Selbstverwirklichung und Erlebniswelt. Auf Grund ihres Alters entscheiden und handeln die meisten Leitenden in unseren Kirchen auf der Basis von Pflichtwerten. Fast alle Menschen unter 40 Jahren leben aber nach den Entfaltungswerten. Nach meiner Ansicht rühren viele der Spannungen und großen Enttäuschungen in den Gemeinden daher, dass der zur Zeit in der gesamten Gesellschaft stattfindende Wertewandel in den Gemeinden nicht oder zu wenig ernst genommen wird.

Wenn wir zum Beispiel über den Entfaltungswert »Kreativität« nachdenken, klingt bereits der Begriff an sich in den Ohren vieler suspekt und Gemeindeleitungen wittern das vollkommene künstlerische Chaos.

Wenn jedoch jemand kreativ war, dann unser Schöpfer. Auch Jesus hat kreativ gelebt und gepredigt wie kein Zweiter auf dieser Welt. Der Heilige Geist lebt, redet und führt in tausend und aber-

tausend Art und Weisen. Gott hat uns nicht nur kreativ gestaltet, sondern auch mit Kreativität beschenkt. Wir sollten daher Menschen ermutigen, dieser Kreativität Gottes in ihrem Leben Raum zu geben, um seinen Willen für ihr Leben zu entdecken und postmoderne Menschen für ihn zu begeistern.

Dasselbe gilt für den Entfaltungswert der Selbstverwirklichung. Die warnenden Stimmen sehen darin völlige Egozentrik und Dienstverweigerung. Doch wer kennt mein Selbst am Besten? Mein Schöpfer. Er kann unser ureigenstes Selbst am besten entwickeln. Mein Fingerabdruck ist nun einmal einmalig. Mit dieser Einmaligkeit und Originalität will ich *für* meinen Gott leben und *in* dieser Welt leben und wirken. So kann ich am Selbst anknüpfen und es in die Gemeinschaft führen.

Mit D.I.E.N.S.T. steht uns ein großartiges Werkzeug zur Verfügung, das uns hilft, Entfaltungswerte umzusetzen, weil es bei der Kreativität Gottes für unser Leben anknüpft und in einen erlebnisreichen Dienst für Gott und für den Nächsten weiterführt.

Mitarbeiter sehnen sich nach Zuwendung und Entfaltungsmöglichkeiten

Eine Untersuchung unter ehrenamtlich Mitarbeitenden des Evangelischen Bildungswerkes in Deutschland ergab, dass diese sich eine intensive Begegnung wünschen. Sie möchten, dass

▶ Hauptamtliche ihre Arbeit wahrnehmen und anerkennen,
▶ klare Vereinbarungen getroffen werden,
▶ sie ihre Begabungen und Interessen entfalten können,
▶ sie unterstützt und motiviert werden,
▶ sie Wünsche, Anregungen und Kritik äußern können,
▶ ihr Beitrag als einen Teil das Gemeindeauftrags gewürdigt wird.

»Der Platz an der Sonne war schon immer besetzt. Zuwendung, Wärme und liebevolle Begleitung haben schon so manchen Traum wahr gemacht. Jeder Mensch braucht einen oder mehrere Menschen, die an ihn glauben, bei denen er seine Träume aussprechen kann, und seien sie noch so verrückt.«

Ich habe die Beobachtung gemacht, dass Menschen ein überwältigendes Engagement an den Tag legen, wenn sie ihren Dienst als Erlebnis erfahren, den Sinn selbst erkennen, nicht in erster Linie geschult, sondern durch Zuwendung und Interesse an dem, was sie machen, gefördert werden, Frucht sehen und Erfüllung erleben.

Mitarbeiter wollen heute nicht mehr einfach nur helfen, weil es Sinn macht, sondern sie sehnen sich nach Gemeinschaftserfahrungen. Für diese Leistung »bezahlen« sie mit ihrem Dienst. Viele moderne Menschen stammen aus zerrütteten Familienverhältnissen und sind der Auffassung, dass sie nie einen Fensterplatz im Leben hatten. »Der Platz an der Sonne war schon immer besetzt«, schreibt Matthew Barnett, Leiter des *Dream Centers* in LA. »Zuwendung, Wärme und liebevolle Begleitung haben schon so manchen Traum wahr gemacht. Jeder Mensch braucht einen oder mehrere Menschen, die an ihn glauben, bei denen er seine Träume aussprechen kann, und seien sie noch so verrückt.«

Mutter Teresa musste am Anfang ihrer Ordenszeit in einer Schule für Mädchen reicher Eltern unterrichten, obwohl sie den Wunsch hatte, unter Armen zu arbeiten. In ihrer Biografie kann man nachlesen, wie sie oft am Fenster zu den Armen und Behinderten auf der Straße hinunterschaute und sich sehnlichst wünschte, etwas für sie tun zu können. Sie ging immer wieder zu ihrer Vorsteherin und bat sie um eine Veränderung ihres Arbeitsfeldes. Sie bekam nie die Möglichkeit. Eines Tages eröffnete ihr ein Priester die Chance, mit den »Ärmsten der Armen« zu arbeiten. Mit dieser Chance begann der Dienst dieser Frau, der zu einem bewegenden Zeugnis der Menschlichkeit wurde.

Dieser Dienst wurde möglich, weil jemand ihren Traum ernst nahm und seine Verwirklichung möglich machte. D.I.E.N.S.T. ist ein hervorragendes Instrument, das Menschen Entfaltungsmöglichkeiten gibt und damit dem Einzelnen und dem Traum Gottes nahe kommt.

Gemeindestrukturen und Mitarbeiterschaft – die Kirche am Ende ihres Lateins

Glücklicherweise scheinen viele Kirchen sehr verunsichert zu sein, »glücklicherweise« deshalb, da diese Unsicherheit auch viele Chancen birgt. Die europäischen Kirchen brauchen eine »Bekehrung«, eine Umkehr weg vom Programm und hin zum Menschen. Eine Umkehr zur neutestamentlichen Gemeinde. Ohne Wenn und Aber! Gott begann die Gemeinde mit dem Heiligen Geist und der Befähigung der Menschen durch die Gaben des Geistes. Ohne diese steht Kirche auf dem Abstellgleis, ist wirkungslos und hat nur noch wenig Bezug zur gesellschaftlichen Wirklichkeit. Gemeindebau ohne Gottes Weisheit und ohne seine Prinzipien der neutestamentlichen Kirche verhindert lebendigen Glauben, immunisiert die Mitarbeiter und führt sie in einen Burnout. Und da soll die Welt erkennen, schlau werden, ergriffen und bewegt werden, dass Jesus Gottes Sohn ist?

Wege aus der Passivität

Statt den Menschen »Fruchterwartung« zu predigen, sollten wir den Menschen helfen, dass sie das geschenkte Potenzial in sich und anderen erkennen, trainieren und weiterentwickeln. Gutgemeinte Druckpredigten verändern Menschen nicht. Zuwendung, Begleitung im Entdeckungsprozess, wirkliche Herausforderungen mit anschließender Auswertung, das hilft und bringt sie erfahrungsgemäß weiter. Ein Klima des Zutrauens und Einblicke in eigene Erfahrungen mit Dienst führt in eine innere Erfüllung. Die Folge davon sind strahlende Augen und die »Kirche im Saft«.

D.I.E.N.S.T. ermöglicht es ...

... mir, mich selber besser kennen zu lernen,
... mir, Gottes Gedanken, also seinen Willen für mein Leben, zu erkennen,
... mir, meinen Platz zu finden und andere in diesem Prozess zu unterstützen,
... ein stärkeres Selbstbewusstsein zu bekommen,
... mir, Menschen ernst zu nehmen und wertzuschätzen,
... mir, Gott beim Wort zu nehmen,
... mir, den Sinn meines Lebens und Dienstes zu erhöhen,
... ausgelöschte Augen zum Strahlen zu bringen,

... vom Menschen her zu denken und nicht von Jobs, die getan werden müssen,

... das Klima zu verändern,

... Freude am Dienen zu bekommen,

... dass ihre Kirche wieder ansteckend wird und in dieser Gesellschaft etwas bewirkt,

... vom Saftladen zu Kirche im Saft zu werden, weil D.I.E.N.S.T. zum Traum Gottes von Kirche hinführen will.

Kapitel 5

Auf die Plätze, fertig, los!

*10 Schritte zur Einführung von D.I.E.N.S.T
in Ihrer Gemeinde*

Nun wird es konkret. Wenn Sie bei dem Gedanken an die Umsetzung von D.I.E.N.S.T. in Ihrer Gemeinde ein beklemmendes Gefühl feststellen wie: »Das schaffen wir bei uns eh nicht«, lassen Sie sich nicht beirren. Sie und Gott werden einen Weg finden, wie Sie in Ihrer ganz individuellen Lebens- und Gemeindesituation ein blühendes Balkongärtchen, ein florierender Garten oder ein prächtiger Park werden können. Mit 10 konkreten Schritten möchten wir Sie dabei unterstützen.

Betreute Mitarbeiter sind motivierter. Sie leben, arbeiten und entwickeln sich anders. Sie brennen seltener aus, weil nicht erst aus der Krise heraus Konsequenzen gezogen werden müssen. Betreute Mitarbeiter fühlen sich geliebt, weil man sich für sie interessiert und in sie investiert. Sie fühlen sich ernst genommen, weil jemand gemeinsam mit ihnen den Platz sucht, der genau auf sie und ihre Gaben und Interessen zugeschnitten ist, weil sie im Prozess, in dem ihre Gaben, ihre Neigungen, ihre Leidenschaften und ihr Persönlichkeitsstil entdeckt und weiterentwickelt werden, begleitet werden. Sie fühlen sich wertgeschätzt und darum beginnen sie andere wertzuschätzen. Sie geben faire Feedbacks, weil sie faire Feedbacks bekommen. Sie geben anderen Raum, um Fehler zu machen, weil auch sie Fehler machen dürfen. Sie dienen, weil ihnen gedient wird, und hören auf, andere zu benutzen, weil sie selbst auch nicht ausgenutzt werden. Sie geben ihr Bestes, weil man für sie das Beste gibt. Sie können sich mit anderen mitfreuen, Erfolge und Früchte anderer feiern, weil man sich mit ihnen freut und sie feiert.

Die Gemeinde ist so lebendig, anziehend und bewegend, wie die Mitarbeiter es sind. Alles was wir in Mitarbeiter investieren, investieren wir auch in ihre Familie, in den Arbeitsplatz, in den Sportverein oder sonst eine Gemeinschaft, in der sie sich engagieren.

> *Mitarbeiter* sind
> *die Gemeinde – wir*
> *brauchen sie nicht*
> für *die Gemeinde.*

Lieber würde ich zwei Gottesdienste pro Monat ausfallen lassen, als ausgerechnet bei der Mitarbeiterförderung zu sparen. So denke ich heute nach 22 Jahren Gemeindearbeit. Hausbesuche, Krankenhausbesuche und die Förderung der Mitarbeiter kommen fast in allen Gemeinden zu kurz, weil wir mit unseren vielen ganz wichtigen Gemeindeprogrammen beschäftigt sind. Mitarbeiter *sind* die Gemeinde – wir brauchen sie nicht *für* die Gemeinde.

Wenn Sie sich von der Vision von D.I.E.N.S.T. und den Möglichkeiten zur Veränderung haben anstecken lassen, dann kultivieren Sie Ihre Begeisterung. Malen Sie sich immer wieder vor Augen, wie Ihre

Gemeinde aussehen könnte und wie vor allen Dingen Ihre Mitarbeit aussehen könnte, wenn diese Vision in Ihrer Gemeinde gelebt würde. Kultivieren Sie Ihre Begeisterung aus Liebe zu Ihren Mitarbeitern. Die Vorfreude auf die strahlenden Augen Ihrer Mitarbeiter trägt Sie über manchen Stolperstein hinweg.

Bei allen Veränderungen ist sehr wichtig, dass Sie sich über das Bestehende freuen. Viele Mitarbeitende haben bereits intuitiv den richtigen Platz gefunden. Sie müssen also nicht plötzlich aus heiterem Himmel etwas ins Leben rufen, das noch nicht vorhanden war.

Bei allen Veränderungen ist sehr wichtig, dass Sie sich über das Bestehende freuen. Viele Mitarbeitende haben bereits intuitiv den richtigen Platz gefunden. Sie müssen also nicht plötzlich aus heiterem Himmel etwas ins Leben rufen, das noch in keiner Art und Weise vorhanden war. Dankbarkeit für alles, was schon vorhanden ist, ist das beste Fundament für erfolgreiche Weiterentwicklung und Erneuerung.

Können Enten gehen? Natürlich! Ist Gehen das, was sie am besten können? Nein! Wenn wir an die begrenzte Zeit denken, die uns zur Verfügung steht, ist es da nicht besser, dort mitzuarbeiten, wozu wir am besten ausgerüstet sind? Enten können laufen und sie laufen fleißig. Aber sie sind langsam und werden schnell müde. Gottes Kreativität und Schöpferhand hat Enten so geschaffen, dass alle Gliedmaßen auf die optimale Fortbewegung im Wasser ausgerichtet sind. Warum dann die Füße wund werden lassen, wenn sie im Wasser viel nützlicher sind und überhaupt nicht wund werden? Wie Enten außerhalb des Wassers, so sind auch wir durchaus in der Lage, außerhalb der Bereiche, für die wir eine Leidenschaft haben und begabt sind, mitzuarbeiten. Viele Mitarbeitende in unseren Gemeinden sind fleißig, aber langsam, müde, wund, dadurch nicht ansteckend und wirkungsvoll. Am Schluss trösten wir uns mit dem

Kreuz, das wir auf uns nehmen. Biblisch gesehen Unsinn. Ich behaupte, dass über 50 % unserer Probleme und Fruchtlosigkeiten in der Gemeinde auf Dummheit zurückzuführen sind, weil wir nicht das Element und die Beschaffenheit der Ente studieren und entsprechend handeln. Wer das von Gott geschenkte Potenzial außer Acht lässt, legt die Kirche Jesu lahm, macht sie wund und wenig wirkungsvoll. Obwohl wir das volle Potenzial in uns tragen und Christus uns Fülle versprochen hat, wird die lahme Situation in unseren Gemeinden verteidigt. Hier setzt D.I.E.N.S.T. an. D.I.E.N.S.T. ist:

> *50 % unserer Probleme und Fruchtlosigkeiten in der Gemeinde sind auf Dummheit zurückzuführen.*

▶ *Wirkungsvoll:* D.I.E.N.S.T. will Gemeinden dabei unterstützen, den sinnlosen Entenfleiß auf dem Trockenen in eine sinnvolle Früchte tragende Tätigkeit im Entenelement Wasser umzuwandeln. D.I.E.N.S.T. möchte das biblische Prinzip der unterschiedlichen Gaben umsetzen, damit unser Leben und Dienst fruchtbar und erfüllend werden, Gott ehren und Menschen auferbauen kann.

▶ *Langfristig:* Bei D.I.E.N.S.T. redet man vom D.I.E.N.S.T.-Prozess. Dieser Prozess dauert erfahrungsgemäß mindestens 3–5 Jahre.

Ich erinnere mich noch an ein Gespräch mit einem Gemeinde-Diakon. Es habe nicht funktioniert, sagte er. Im Gegenteil, in seiner Gemeinde habe D.I.E.N.S.T. einen schlechten Ruf. Ein schlechter Kursleiter habe es nicht verstanden, eine Entdeckungsreise zu initiieren. Es hätten keine verarbeitenden Gespräche stattgefunden und es seien auch keine Folgekurse angeboten worden.

▶ *Wertgebend:* D.I.E.N.S.T. ist ein Werkzeug, das Gemeinden hilft, neue Werte zu setzen, und nicht um »mal schnell« einen Gabentest zu machen. Das Programm schafft eine neue Kultur mit neuen Werten. Diese Werte sollten überall und während des gesamten Jahres immer wieder fantasievoll gelebt und thematisiert werden. Der Wert ist im Leitbild der Gemeinde verankert. Jeder Wert hat einen Werte-Verantwortlichen. Aus diesem Leitbild heraus entstehen Werte-Ziele und -Maßnahmen. Jedes Jahr. Beispielsweise beinhaltet unser Leitbild den Wert »Gaben: Wir sind alle von Gott mit Gaben beschenkt, die entdeckt, gefördert und für die Gemeinschaft eingesetzt werden.« Aus diesem Grundwert heraus ist beispielsweise ein Inspirationstreffen entstanden. Frauen und Männer mit der gleichen Begabung treffen sich zum Austausch und zur Weiterentwicklung ihrer Begabung. Auch wenn Neuwahlen durchgeführt werden, ist es selbstverständlich, dass bei den Bewerbern Gaben und Fähigkeiten zu berücksichtigen sind. Und selbst bei den jährlichen Angestelltengesprächen wird die Eignung der Bewerber auf der Grundlage ihrer Gaben berücksichtigt. Predigtreihen können gehalten werden und auch Jungscharprogramme und Leiterschulungen, Kollektenpläne und Mitarbeiterfördergespräche drehen sich direkt oder indirekt um unsere Grundwerte.

▶ *Verändernd:* D.I.E.N.S.T. und das Beratungsgespräch sind erst der Anfang. Wer hier aufhört, wird langfristig wenig Veränderung feststellen. Die ersten persönlichen Resultate aus dem Kurs (sprich das D.I.E.N.S.T.-Profil) initiieren den in den kommenden Jahren folgenden Prozess der persönlichen Veränderung. Der Heilige Geist ermöglicht uns eine gesunde Selbstwahrnehmung und Sicht vom Reich Gottes oder bestätigt uns vorhandene korrekte Sichtweisen. Feedback oder Kritik wirken nicht länger bedrohlich, weil man erkannt hat, dass sie Werkzeuge zur Persönlichkeitsentwicklung sind. Die persönliche Berufung wird klarer, weil man sich immer befreiter dem Heiligen Geist und der Gemeinschaft der Mitchristen aussetzt. Dieser Prozess schafft Raum für neue Entwicklungen. Wer keine Veränderung will oder nur einen neuen Ansatz zur Mitarbeiterrekrutierung in der Gemeinde sucht, für den könnte D.I.E.N.S.T. gefährlich werden.

Ein Beispiel für eine wunderbare Entwicklung ist folgende Geschichte: Szene 1: Ein junges Paar kommt in die erste Planungssitzung für das Gemeindefest. Beide erheben sich zeitgleich und beginnen im Duo: »Also, wir beginnen die Sitzung.« Unabgesprochen, aber äußerst präzise. Szene 2: Eine Sitzung ist gerade zu Ende. Er hat die Sitzung geleitet; sie hat alle organisatorischen Belange im Griff. Er weiß, dass die Dinge gut laufen werden, weil sie den Überblick hat. Sie weiß, dass das Team die Aufgabe hoch motiviert angehen wird, weil er die Gabe der Leitung hat. Beide haben erkannt, dass sich beide viel besser entwickeln, wenn er leitet und sie organisiert. Zwischen diesen beiden Ereignissen fand ein D.I.E.N.S.T.-Kurs statt, in dem beide ihr persönliches Gabenprofil herausgearbeitet haben. Das entspannte nicht nur die Sitzungen und erhöhte die Produktivität des Teams, sondern sorgte auch für Klärung innerhalb ihrer Beziehung.

▶ *Mündigmachend:* Bei D.I.E.N.S.T. schaut der Teilnehmer unter Anleitung in einen Spiegel. Die gewonnene Selbsterkenntnis durch Selbst- und Fremdbewertungsbogen sowie Beratungsgespräch befähigen ihn, in Zukunft klügere Entscheidungen zu treffen. Nicht nur in der Gemeinde, sondern auch im Beruf, in seiner Beziehung bzw. Familie und seinem Privatleben. Der Berater fördert die Mündigkeit des Mitarbeiters. Er will einen Entwicklungsprozess anstoßen, die Verantwortung bleibt aber beim Mitarbeiter selbst. Er weiß: Nur reife Mitarbeiter bringen reife Früchte und bleiben motiviert.

D.I.E.N.S.T. ist wirkungsvoll

Im Folgenden finden Sie 10 Vorschläge, wie Sie mit D.I.E.N.S.T. starten können:

Schritt 1: Ausgangssituation klären

Warum wollen Sie in Ihrer Gemeinde das D.I.E.N.S.T.-Programm einführen? Kennen Sie Menschen, die andere fördern, ermutigen und in ihrer Entwicklung hilfreiche Anstöße geben? Kennen Ihre Gemeindeleitung und Ihre Mitarbeiter D.I.E.N.S.T. bereits? Wurden schon einmal Versuche mit D.I.E.N.S.T. oder anderen Gabentests gestartet? Welche Erfahrungen wurden gemacht, welche Ängste sind vorhanden? Ist die gabenorientierte Mitarbeit ein Element im Leitbild Ihrer Gemeinde? Was haben Sie für ihre Umsetzung schon getan? Klären Sie in einem ersten Schritt zunächst diese Fragen.

Schritt 2: Verteilen Sie an alle das Buch, das Sie gerade lesen

Machen Sie für die Idee der gezielten Mitarbeiterförderung und das D.I.E.N.S.T.-Programm Werbung. Überlegen Sie sich, welche Menschen in Ihrer Gemeinde die wichtigsten Multiplikatoren für Vision und Motivation sind. Geben Sie diesen Leuten das Buch. Laden Sie sie anschließend zu Kaffee und Kuchen ein, um diese Idee zu diskutieren. Wägen Sie mit diesen Leuten die Möglichkeit ab und entscheiden Sie, ob die Situation in Ihrer Gemeinde für eine Durchführung der Schulung geeignet ist.

Und gehen Sie dann mit den möglichen Kritikern ebenso vor. Das Gespräch mit diesen Leuten wird Ihnen helfen, das Bild Ihrer Gemeinde und die Chancen für D.I.E.N.S.T. realistisch einzuschätzen.

Schritt 3: Starten Sie eine Projektgruppe

Alleingänge zahlen sich nicht aus, egal, wie motiviert Sie selbst sind. Als Gruppe haben Sie einerseits mehr Durchschlagskraft. Andererseits besteht der Vorteil einer Projektgruppe darin, dass nicht erst ein neues Ressort ins Leben gerufen werden muss, um dann auf dem Organigramm verewigt zu werden, bevor es erfolgversprechende Früchte trägt. Wichtig ist, dass Sie nach Möglichkeit den Pastor und die möglichen Kursleiter/innen bzw. Berater/innen in die Projektgruppe integrieren.

Informieren Sie sich dann darüber, ob in einer Gemeinde in Ihrer Umgebung ein D.I.E.N.S.T.-Seminar durchgeführt wird, an dem Sie als kleine Projektgruppe teilnehmen können. So können Sie D.I.E.N.S.T. testen und gleichzeitig ohne zusätzlichen Aufwand von anderen lernen. Wenn ein Mitglied Ihrer Projektgruppe an einem Beratungsgespräch bei einem D.I.E.N.S.T.-Erfahrenen teilnimmt, kann es daraufhin die anderen Mitglieder der Projektgruppe beraten.

Nicht empfehlenswert ist, dass Sie D.I.E.N.S.T. starten, indem Sie einen D.I.E.N.S.T.-Referenten zu sich in die Gemeinde einladen, damit dieser bei Ihnen das Seminar durchführt. Wer soll dann die Beratungsgespräche mit allen Teilnehmenden führen? Langfristig erfolgreicher ist der langsamere Weg: der Aufbau eines gemeindeeigenen D.I.E.N.S.T.-Teams.

Eine weitere Alternative wäre die Durchführung von D.I.E.N.S.T. auf regionaler Ebene, das heißt 2–3 Projektgruppen (aus unterschiedlichen Gemeinden) laden zusammen einen D.I.E.N.S.T.-Referenten ein. Auch hier sollte nach Möglichkeit eine Person aus jeder Gemeinde an einem individuellen Beratungsgespräch teilnehmen. Damit nicht in jeder Gemeinde ein vollständiges D.I.E.N.S.T.-Team aufgebaut werden muss, sollte dann jede Gemeinde ein D.I.E.N.S.T.-Beratungsteam ins Leben rufen; das komplette Seminar dagegen wird gemeinsam durchgeführt, und zwar durch 1–2 Seminarleiter/innen, die die Gabe der Ermutigung und im Idealfall auch der Lehre haben.

Eine Kirchenleitung sandte vor einiger Zeit fünf unterschiedlich begabte Mitarbeiter (30- bis 65-Jährige) als Testgruppe zu mir in einen gemeindeinternen Kurs. Der Grund dafür war, dass sie die Beobachtung gemacht hatte, dass viele Menschen, die in Glaubenskursen (in ihrem Fall Alpha-Kurse) Christen wurden, nicht auch ganz selbstverständlich den Sprung in die Mitarbeit schafften. Deshalb versuchte sie, diesen neuen Gemeindemitgliedern mit Hilfe des D.I.E.N.S.T.-Programms eine Brücke zu bauen. Im Anschluss an das Seminar führte ich mit jedem der Teilnehmer ein Beratungsgespräch. Anschließend trafen diese sich mit ihrer Gemeindeleitung und werteten die Ergebnisse aus. Da das Projekt erfolgreich war, entschied die Leitung, eine eigene D.I.E.N.S.T.-Crew aufzubauen, bestehend aus Seminarleiter/in, Berater/innen und Beter/innen.

In einem anderen Fall bat mich eine Pfarrerin, in ihrer Gemeinde ein D.I.E.N.S.T.-Seminar durchzuführen. Ich erklärte ihr jedoch, dass es eine nachhaltigere Wirkung habe, wenn sie den D.I.E.N.S.T.-Prozess in der Gemeinde selbst einführe. Daraufhin besuchte sie gemeinsam mit ihrem Mann und vier Kirchenvorstandsmitgliedern den Kurs bei mir. Das Beratungsgespräch fand im Anschluss daran jedoch lediglich mit der Pfarrerin statt, damit sie hinterher die übrigen fünf Teilnehmer aus ihrer Gemeinde beraten konnte. Auf diese Art und Weise kann sich D.I.E.N.S.T. ohne großen Aufwand multiplizieren und langfristige Auswirkungen in der jeweiligen Gemeinde haben.

Schritt 4: Auswertung und Grundsatzentscheidung

In einem vierten Schritt sollten Projektgruppe und Gemeindeleitung die Erfahrungen mit D.I.E.N.S.T. offen und ehrlich auswerten. Im Anschluss daran muss eine Grundsatzentscheidung gefällt und die Gabenorientierung als Wert konsequent in die Gemeinde eingeführt und gelebt werden. Formulieren Sie schriftlich die Vision und ihre Umsetzung mit Zielen, Maßnahmen und Zeitplan. Seien Sie mutig, aber nicht übermütig. Zu tief gesteckte Ziele langweilen, zu hoch gesteckte Ziele frustrieren. Erwerben Sie dann die Schulungsmaterialien (Leiterhandbuch, Teilnehmerbuch, Videos, Folienvorlagen, Beraterbuch, Umsetzungsleitfaden)[1]. Dort finden Sie Hilfen für die Formulierung der Vision und deren Umsetzung.

Schritt 5: Bauen Sie ein D.I.E.N.S.T.-Team auf

»The medium is the message«, sagen die Kommunikationswissenschaftler. Aus diesem Grund sollte das D.I.E.N.S.T.-Team unbedingt gabenorientiert arbeiten. Nur Menschen, die sich am richtigen Platz befinden, haben fruchtbaren Einfluss und können andere zu ihrem geeigneten Platz begleiten. Mit der Motivation des Teams steht und fällt der Erfolg des Prozesses.

Mit der Motivation des Teams steht und fällt der Erfolg des Prozesses.

Das Team besteht im Idealfall aus 1–2 Seminarleiter/innen, 2–4 Berater/innen und Beter/innen. Im Einzelnen hängt dies jedoch von der Größe der Gemeinde ab, und so können Sie in einer kleineren Gemeinde auch mit je einer Person starten. Klären Sie, wer die Leitungsverantwortung trägt. Veranlassen Sie, dass die Seminarleiter/in einen Trainerkurs und die Berater/innen einen Beraterkurs von *Willow Creek* Deutschland oder Schweiz besuchen. Auch dazu finden Sie im Schulungsmaterial weitergehende Hilfen.

Schritt 6: Vermitteln Sie der Gemeinde die Vision

Predigen Sie über gabenorientierte Mitarbeit, reden Sie in den Sitzungen darüber und erwähnen Sie das Thema auch in Einzelgesprächen. Bringen Sie die Gemeinde auf den Geschmack, bevor Sie das Seminar anbieten. Seien Sie kreativ und nennen Sie andere Gemeinden als Vorbilder, mit denen man sich darüber austauschen kann. Lassen Sie die Projektgruppe von ihren Erfahrungen berichten. Nutzen Sie die *Willow Creek*-Konferenzen, die alle auf den Grundwerten der Werte- und Gabenorientierung aufbauen, zur Inspiration Ihrer Mitarbeiter. Preisen Sie das Programm der Gemeinde jedoch nicht als Allheilmittel an.

Schritt 7: Starten Sie mit dem D.I.E.N.S.T.-Seminar

Erwähnen Sie schon in der Seminarausschreibung, dass zum Seminar ein Beratungsgespräch dazugehört. Passen Sie die Teilnehmeranzahl der Kapazität der Beratenden an, damit Sie sich nicht überfordern. Da wir in unserer Gemeinde vier Berater/innen haben, beschränken wir die Teilnehmerzahl des Seminars auf 12–15 Personen und führen den Kurs zweimal jährlich durch.

Schritt 8: Führen Sie das jährliche Mitarbeiterfördergespräch ein

Während des Seminars und des Beratungsgesprächs spreche ich immer ganz selbstverständlich vom jährlichen Mitarbeiterfördergespräch. Wo gute Erfahrungen mit dem Beratungsgespräch gemacht werden, ist die Einführung eines jährlichen Mitarbeiterfördergesprächs fast ausnahmslos willkommen. Im Beratungsgespräch, das im Anschluss an das Seminar stattfindet, werden die Erkenntnisse, Unklarheiten und Zweifel reflektiert und die ersten Schritte besprochen. Machen Sie Ihren (potenziellen) Mitarbeitern Mut, vieles auszuprobieren. Wie wollen wir Dinge beurteilen können, wenn wir sie noch nie gemacht haben? Also ermutige ich die D.I.E.N.S.T.-Teilnehmer, mit Kranken zu beten, selbstverständlicher vom Glauben zu reden, einmal ein Kleingruppentreffen zu leiten usw. So werden sie mit den Jahren neue Erkenntnisse gewinnen. Im jährlichen Mitarbeiterfördergespräch wird Bilanz gezogen und werden neue Erkenntnisse eingeflochten. Meist wird der Gabentest vor dem Hintergrund der neu hinzugewonnenen Erfahrungen des vergangenen Jahres erneut durchgeführt und die Entwicklung wird beobachtet und besprochen. Die Selbsterkenntnisse, die die Menschen in diesen Gesprächen gewinnen, gehören zu dem Erfreulichsten, das ich in meiner Arbeit erlebe.

Natürlich gibt es auch kritische Stimmen, Menschen, die das Seminar und die Mitarbeiterfördergespräche umgehen, weil sie die Befürchtung hegen, man fixiere sich auf bestimmte Gaben und sei nicht mehr offen für anderes.

Natürlich gibt es auch kritische Stimmen, Menschen, die das Seminar und die Mitarbeiterfördergespräche umgehen, weil sie die Befürchtung hegen, man fixiere sich auf bestimmte Gaben und sei nicht mehr offen für anderes. In der Praxis hat sich jedoch gezeigt, dass genau das Gegenteil der Fall ist. Wo Menschen freigesetzt werden, die Möglichkeit haben, sich frei zu entfalten, und die Gewissheit, dass es erlaubt ist, auch Fehler zu machen, wächst der Mut, Neues auszuprobieren. Mitarbeiter können beobachten, dass sich ihr Dienst weiterentwickelt und ihre Persönlichkeit sich entfaltet. Sie fühlen sich dadurch wertgeschätzt und erleben sich als Teil von Gottes Reich.

Schritt 9: Ehren und feiern Sie die Mitarbeitenden

»Ehre, wem Ehre gebührt«, heißt es in der Bibel. Das gilt auch für alle unsere ehrenamtlichen Mitarbeiter. Jesus hat seinen Jüngern Ehre erwiesen, als er ihnen die Füße wusch statt die Köpfe, Frühstück machte statt wartete, bis er endlich bedient wurde. Jedes echte »Dankeschön« ist eine Vitaminspritze für die Motivation der Mitarbeiter und erfüllt sie mit Kraft und einem langen Atem. Interessant ist, dass Paulus der Überzeugung war, dass die gegenseitige Fürsorge »antispaltende« Wirkung für die lebendige Kirche hat. Im darauf folgenden Vers beschreibt er, was das konkret bedeutet: »Leidet ein Teil des Körpers, so leiden alle anderen mit, und wird ein Teil gelobt, freuen sich auch alle anderen.«[2] Den ersten Teil predigen und praktizieren wir oft. Den zweiten Teil hingegen übergehen wir meist, da die Mitarbeiter ja sonst stolz und hochnäsig werden könnten. Gott will nicht, dass wir uns demütigen, sondern fordert uns auf, einander zu ehren, den anderen höher zu achten als uns selbst, einander das zu tun, was wir selbst schätzen, mit Freuden zu dienen.

> *Gott will nicht, dass wir uns demütigen, sondern fordert uns auf, einander zu ehren, höher zu achten als uns selbst, einander das zu tun, was wir selbst schätzen, mit Freuden zu dienen.*

Schritt 10: Vermeiden Sie gängige Fehler

▶ *Der Kurs wird nur einmal durchgeführt:* Einmalig durchgeführte Kurse zeigen kaum Wirkung. Im Gegenteil: Sie werden die neu geweckten Erwartungen der Teilnehmer enttäuschen, wenn die Gemeinde nicht den Rahmen zur gabenorientierten Mitarbeit bietet.

113

▶ *Es gibt keine Beratungsgespräche:* Betrachten Sie D.I.E.N.S.T.-Seminar und Beratungsgespräch unbedingt als Einheit. Wenn die Teilnehmer der Auffassung sind, dass sie ohne Beratungsgespräch auskommen, sollten Sie Ihnen klarmachen, dass sie sich um die Hälfte des Gewinns bringen.

▶ *Es gibt keine jährlichen Mitarbeiterfördergespräche:* Neue Erkenntnisse verändern Menschen wenig, Gemeinden schon gar nicht, wenn nicht konkret Konsequenzen gezogen und diese regelmäßig reflektiert und weiter entwickelt werden. Regelmäßig durchgeführte Mitarbeiterfördergespräche unterstützen Sie in diesem Prozess.

▶ *Der Wert der Gabenorientierung wird nicht festgesetzt und hartnäckig verfolgt:* Sobald Sie Gabenorientierung als Wert vermitteln, entsteht ein Konflikt, und zwar ein Konflikt zwischen Vertretern von Pflichtwerten und Vertretern von Entfaltungswerten.[3] Diesem Konflikt dürfen Sie nicht ausweichen, sondern Sie müssen ihn offensiv führen, indem Sie auf die spürbaren, positiven Veränderungen verweisen, die durch D.I.E.N.S.T. eintraten. Nur so entsteht auf Dauer in Ihrer Gemeinde ein Klima der freien Entfaltung.

▶ *Gewonnene Erkenntnisse haben kaum Einfluss bei der Mitarbeitersuche, bei Leiterentscheidungen und Strukturen:* Wenn die Erkenntnisse von D.I.E.N.S.T.-Seminaren keinen Einfluss auf personale Entscheidungen haben, ist das so, als würde man einen Baum das ganze Jahr lang pflegen und am Ende die Früchte verkommen lassen. Dies geschieht u. a. dann, wenn die Gemeindeleitung nicht in den D.I.E.N.S.T.-Prozess involviert wurde und D.I.E.N.S.T. als Mauerblümchen neben vielen Angeboten wachsen lässt, ohne die Werte in die Gemeindephilosophie zu integrieren.

Kapitel 6

Beispiele, Beispiele, Beispiele

Wie D.I.E.N.S.T. unsere Gemeinde veränderte

Drei ganz unterschiedliche Leiter aus drei grundverschiedenen Gemeinden – der ev. Gemeinde in Gossau, Schweiz, der Baptistengemeinde in Weinheim und der ev. Andreasgemeinde in Niederhöchstadt bei Frankfurt – berichten von ihren Erfahrungen mit D.I.E.N.S.T. Lesen Sie in diesem Kapitel, wie D.I.E.N.S.T. jeweils vor Ort umgesetzt wurde. Wir hoffen, dass Sie dabei Ansätze finden, die auch in Ihrer Gemeinde umsetzbar sind.*

Georges Morand

Reformierte Gemeinde Gossau ZH
(Ev.-ref. Kirche/Cevi)

Begegnung eines Traumes mit einer Krise

Strahlende Augen bei Mitarbeiterinnen und Mitarbeitern, weil sie wertgeschätzt sind und nicht benutzt werden, weil sie ihren Platz gefunden haben und das tun, wozu Gott sie begabt hat. Davon träumte ich, als ich 1995 als Mitarbeiter-Trainer nach Gossau kam, und zwar für den Bereich »Jugend und junge Erwachsene«. Ich träumte von Mitarbeitern, die sich umeinander kümmern, die so viel Liebe und Erfüllung in der Gemeinschaft erleben, dass sie sich wünschen, dass auch andere dies erfahren. Ehrenamtliche Mitarbeit neben Beruf, Familie und Freunden soll erstrebenswert werden.

Zu dieser Zeit befand sich die Mitarbeiterschaft (130) des Cevi (CVJM) Gossau in einer Krise. Ich traf eine kreative, höchst initiative und einsatzbereite Mitarbeiterschaft an. Doch viele waren in zu vielen Bereichen tätig und setzten sich weit über ein vernünftiges Maß ein. Viele fühlten sich ausgepowert, müde und nicht genügend betreut.

Erster Durchbruch zu Fördergesprächen

Das erste Jahr war bestimmt von Seelsorge und Krisengesprächen. Viele Beziehungen konnten geklärt und Aufgaben entzerrt werden. Parallel thematisierte und lebte ich in Gesprächen und in Inputs den Grundwert Wertschätzung. Und dennoch wuchs in mir eine Unzufriedenheit, weil fast alle Gespräche problemorientiert waren. Ich sehnte mich nach einem Plus-Ansatz, wo ich Mitarbeitern zur Entfaltung verhelfen und sie bei ihrem Weiterkommen begleiten konnte.

Dann startete ich die Mitarbeiterfördergespräche, kurz M.F.G. Die Interessierten konnten sich an Hand von vier Schwerpunkten auf das Gespräch vorbereiten:

1. Was ist in letzter Zeit gut gelungen? Worüber freust du dich, wenn du an die vergangenen Monate denkst?
2. Welche Gaben hast du? Was gelingt dir gut und macht dir Spaß?
3. Was bereitet dir Mühe? In welchen Bereichen musst du zu viel Kraft aufwenden? Was funktioniert nicht? Wo bist du in letzter Zeit an Grenzen gestoßen?
4. Bist du bereit, in deiner jetzigen Aufgabe weiterzuarbeiten? Welche Veränderung wünschst du dir?

Es begann eine Wende in unserem Erleben und Denken. Wir begannen mehr zu gestalten, mehr zu agieren statt vorwiegend auf Probleme zu reagieren.

Widerstände nach dem ersten D.I.E.N.S.T.-Seminar

Nach der Teilnahme einiger Leitenden an einem Gemeindebaukongress mit Bill Hybels entschieden wir im Konvent, dass wir das D.I.E.N.S.T.-Seminar mit den Angestellten der reformierten Kirchengemeinde (zwei Pfarrer, Gemeindehelfer, Sigrist, Jugendarbeiter, Mitarbeiter-Trainer) und mit den jeweiligen Ehepartnern an Hand des Leiterhandbuches durchführen wollten. Die Reaktionen reichten von »unheimlich hilfreich« bis zu »Die Frage stellt sich nicht, ob es mir Freude macht. Es muss getan werden«. Ich war frustriert. Das Seminar löste viele Gespräche aus – jedoch fast keine Beratungsgespräche. Der Erfolg schien mir mehr als zweifelhaft. Die kritischen Stimmen lähmten uns zu sehr. Wir verloren unsere Ausdauer. Oder etwa doch nicht?

Entscheidung: Zwei D.I.E.N.S.T.-Seminare pro Jahr

Trotz aller Schwächen des Materials erkannten die jüngeren der Leitenden den großen Nutzen von D.I.E.N.S.T. Der Traum, eine neue Dienst- und Mitarbeiterkultur aufzubauen, flammte wieder auf. So entschieden wir, für den Bereich der jüngeren Generation das Seminar für die Cevi-Mitarbeiterschaft zweimal im Jahr anzubieten. Zuerst ab 16 Jahren, später nur noch ab 18 Jahren, da die Resultate bei zu jungen Menschen mit diesem Material nicht befriedigend waren. Jugendliche können Wunsch und Realität schwerer auseinander halten als Erwachsene. Die Seminarteilnehmerzahl war zuerst zu hoch. In der Folge ertrank ich – neben allen anderen Aufgaben – beinahe in der Flut der Beratungsgespräche.

D.I.E.N.S.T.-Beratungsgespräch und jährliches Mitarbeiterfördergespräch (M.F.G.)

Das Beratungsgespräch, möglichst innerhalb von 4 Wochen nach dem Seminar, wurde für uns ein Muss. Dort verarbeiten wir zusammen die Erkenntnisse, gehen den offenen Fragen nach und suchen gemeinsam nach Antworten. Natürlich ist alles Lebendige und lebendig Machende an einen Prozess gebunden. Viele Teilnehmer sehen sich bestätigt und ermutigt, andere sehen sich in einem anderen Licht und Kontext. Wiederum andere fixieren sich auf ein fertiges oder umwerfendes Resultat und sind enttäuscht, wenn nicht das Erwartete herauskommt.

Interessant ist, dass die D.I.E.N.S.T.-Erkenntnisse oftmals wichtige Entscheidungen bei einem Berufswechsel beeinflussen. Das M.F.G. wird gelegentlich sogar zur Berufsberatung.

Im Beratungsgespräch versuche ich, die Leute auf den Geschmack zu bringen, im Prozess mit Gott, mit sich und mit anderen wirklich ernst zu machen. Am Schluss des Gespräches empfehle ich, in einem M.F.G. eine jährliche Standortbestimmung vorzunehmen. Dazu sind fast ausnahmslos alle bereit. Sie fühlen sich dadurch ernst genommen, denn sie spüren, dass man nicht nur an ihrem Einsatz, sondern an ihnen selbst interessiert ist.

Die Beratungsgespräche führte zunächst nur ich als Vollzeiter. Mit der Zeit baute ich eine Beraterin und zwei Berater auf, davon eine ehrenamtliche. Unser Ziel für das Jahr 2002 ist es, zwei weitere Berater/innen aufzubauen. So verteilen sich die Gespräche sehr gut.

Die sichtbare Veränderung öffnete die Tür für die ganze Gemeinde

Die Erwachsenen ließen sich nach und nach überzeugen. Mitarbeiterförderung wurde zum Thema. Die Seminare und die M.F.G.s werden nun vermehrt von allen Generationen genutzt. Während die Seminar-Teilnehmer anfangs etwa zwischen 18 und 35 Jahren war, ist heute die Spannbreite meist zwischen 18 und 65 Jahren. Skeptiker sind bereits zu Werbeträgern geworden, da der begeisterte Einsatz, unübersehbare Früchte, wachsende Zugehörigkeit, steigende Qualität und vieles mehr einfach offensichtlich wurden. D.I.E.N.S.T. wurde in unserer Gemeinde zu einem nicht mehr wegzudenkenden Hilfsmittel. Es unterstützt uns im Prozess zur ansteckenden reformierten Gemeinde, die nach neutestamentlichen Prinzipien funktioniert.

Zwei Entdeckungen

Viele Probleme lösen sich auf, wenn Mitarbeiter Zuwendung bekommen und man bemüht ist, für sie den richtigen Platz zu finden. Sinnvoller und erfüllender Dienst reduziert die Seelsorgegespräche um etwa 50 %. Das kann ich nach 6 Jahren D.I.E.N.S.T.-Erfahrungen sagen.

Der Ansatz von D.I.E.N.S.T. ist ganzheitlicher als ein Gaben-kurs. Es werden nicht nur die geistlichen Gaben angeschaut, son-dern auch Neigung/Leidenschaft und Persönlichkeitsstil, Herz- und Diensthaltung, zeitliche Verfügbarkeit, geistliche Reife – und das alles, um den Dienst fruchtbringend und erfüllend tun zu kön-nen.

Zwei Wirkungen

Einer unserer Mitarbeiter ging zu seinem Chef und fragte ihn, ob er nicht etwas früher Feierabend machen könne, da er noch ein Mitarbeiterfördergespräch im »Cevi« habe. Der Vorgesetzte war völlig überrascht, als er feststellen musste, dass die ehrenamt-lichen Mitarbeiter im »Cevi« besser betreut werden als seine An-gestellten. Als Folge davon führte er im Betrieb endlich Mitarbei-tergespräche ein.

»Was zu tun ist, ist zu tun. Wenn der Pfarrer uns eine Aufgabe zuteilt, dann fragt man nicht, ob es Freude macht. Man tut es.« Das war die Diensthaltung einer 45-jährigen Frau in unserer Gemeinde. Treue, Loyalität und Entschiedenheit zeichneten sie aus. Mitten in ihrer Midlifephase besuchte sie das D.I.E.N.S.T.-Seminar. Die hartnäckige Frage »Was macht dir Freude?« und das Forschen nach den eigenen inneren Sehnsüchten und Interessen brachte sie in Verlegenheit. Ihre bisherige Diensthaltung hatte keinen Platz gelassen, das zu entdecken, was der Psalmschreiber umschreibt mit »was dein Herz begehrt«. Freude im Dienst hatte sie zwar gelegentlich, diese war aber kein Kriterium und deshalb eher selten. »Dient einander mit Freuden« oder »dient einander mit der Gabe, die ihr von Gott empfangen habt«, waren im Grunde nicht von Bedeutung. Im Beratungsgespräch und im darauf folgenden Jahr wuchs in ihr langsam, aber sicher ein neues Dienstverständnis. Heute ist sie eine M.F.G.-Beraterin, be-gleitet andere im Entfaltungsprozess und ist in einer biblischtherapeutischen Ausbildung (BTS) für ihren Dienst in der Gemeinde.

Ich könnte noch stundenlang von solchen Menschen erzählen und davon, was sie erlebt haben. Gott sei Dank gibt es Gottes Traum von Gemeinde und D.I.E.N.S.T. als Hilfsmittel auf dem Weg dazu.

Ev.-ref. Kirche/Cevi Gossau

MFG 2002
Mitarbeiter/innen-Förder-Gespräch

Ziel: Die Mitarbeiterin oder der Mitarbeiter wird ernst genommen (Wertschätzung), wächst von Jahr zu Jahr in der Selbstbeurteilung (Mündigkeit, Selbstkompetenz), weiß, wo er seinen Dienst verbessern, wie er Unterstützung erwarten und was er zum Teamerfolg beitragen kann.

Diese Früchte und Erfolge bezüglich Beruf, Cevi und Kirche kann ich aus den letzten 12 Monaten feiern:

_____

_____

_____

_____

Meine Beschäftigungen, die ich leidenschaftlich gerne mache, machen würde oder die mir gut gelingen:

_____

_____

_____

_____

Meine Gaben sind meiner Meinung nach:

_____

_____

_____

_____

Meine innere Erfüllung und Zufriedenheit in meiner Aufgabe:

☺ ☺ ☹   *(bitte ankreuzen)*

Meine Gründe dafür sind:

_____

_____

_____

_____

So steht es mit der Zusammenarbeit mit: Leiter oder Leiterin, Team:

_____

_____

_____

_____

Dieses Gefühl habe ich, wenn ich an meine Kleingruppe denke (Huusträff/Hauskreis, Dienstgruppe):

_____

_____

_____

Die Umsetzung unseres Leitsatzes »Wir lieben Menschen und bringen sie miteinander und mit Gott in Beziehung« zeigt sich bei mir, indem ich ...

_____

_____

_____

_____

So sehen meine Zukunftspläne aus:

_____

_____

_____

_____

_____

_____

Meine nächsten Schritte:

Persönlich vorbereiten und mit dem MFG-Berater besprechen/entscheiden

Ziele für die nächsten 12 Monate

_____

_____

_____

_____

_____

Weiterbildung/Schulungsbedarf

Inhalt	Kosten

© Georges Morand, Cevi-Mitarbeitertrainer

Stephan Hofmann (fünf Jahre D.I.E.N.S.T.-Seminare in der Baptistengemeinde in Weinheim)

Ich kam 1993 als Nachfolger eines echten Pioniermissionars dort-hin, der die Gemeinde auch gegründet hatte. Er hatte viele Men-schen zum Glauben an Jesus Christus geführt und die evangelisti-sche Ausrichtung der Gemeinde in seiner Person vertreten. Ich sollte Strukturen schaffen, die das Wachstum der Einzelnen und der Gemeinde stabilisieren.

Die Baptistengemeinde in Weinheim ist seit der Gründung 1981 langsam, aber stetig um durchschnittlich 6 % pro Jahr ge-wachsen (heute 145 Mitglieder).

Für die weitere evangelistische Ausrichtung organisierten wir seit 1993 unsere »Gläsernen Gottesdienste«, gästeorientierte Got-tesdienste, die an kirchenunüblichen, aber thematisch passenden Orten stattfinden (z. B. in einer Einkaufspassage – »Advent«; im Foyer einer Bank – »Geld oder Liebe«; Tunnelbaustelle – »Arbeit und Freizeit« etc). Die Gottesdienste sind für Gäste attraktiv, weil viele Menschen mit ihren unterschiedlichen Gaben das Programm und den Rahmen (Organisation, Öffentlichkeitsarbeit etc.) gestal-ten.

1995/96 baute die Gemeinde ein neues Gemeindezentrum. Hier wurden auf einmal unsere »Baulöwen« ins Rampenlicht gestellt und die, die sonst vorne stehen, wie ich als Pastor, konnten nur nie-dere Arbeiten verrichten. Wir hatten manches »Aha-Erlebnis« und erkannten, dass wirklich alle Gaben wichtig und immer gleich-wertig sind. Aus diesem Grund war es für uns eine logische Kon-sequenz, dass wir einen Gabentest durchführten und untereinander über die Ergebnisse und unsere Erkenntnisse sprachen. So achtete die Gemeindeleitung parallel zum äußeren Gemeindebau auf den inneren Gemeindeaufbau, der gabenorientiert sein sollte.

Im Januar 1997 lernte ich bei einer Tagung für evangelistische Gemeindearbeit das D.I.E.N.S.T.-Seminar kennen. Ich wusste, dass Evangelisation nicht mit der Lebensentscheidung oder Taufe eines

Menschen abschließt, sondern seine Integration in den Leib Christi, der Gemeinde, mit einschließen muss. Ja, mehr noch: Es geht nicht einfach nur darum, die Gaben eines Menschen kennen zu lernen, um ihn optimal als Mitarbeiter einsetzen zu können. Es geht darum, einem Menschen zu helfen, Sinn und Ziel seines Lebens zu erkennen, und im Dienst an den Menschen zur Ehre Gottes ein erfülltes Leben zu führen. Als ich mich näher mit D.I.E.N.S.T. beschäftigte, erkannte ich, dass das Programm die Würde des Menschen als Geschöpf Gottes respektiert und achtet. Wir führten also D.I.E.N.S.T.-Seminare in der Gemeinde ein, um möglichst allen, die am Gemeindeleben teilnehmen, einen Platz in der Gemeinde anzubieten, an dem sie umsetzen konnten, was ihnen wirklich wichtig ist.

Als Erste durchlief die Gemeindeleitung das D.I.E.N.S.T.-Seminar. So wurde zum einen deutlich gemacht, dass das D.I.E.N.S.T.-Seminar keine Eintagsfliege sein würde. Außerdem sollten alle verantwortlichen Mitarbeiter wissen, wie das Seminar verläuft, weil sie ja anschließend nach den Beratungsgesprächen die »Neuen« integrieren und begleiten sollten. Wir erkannten in der Folgezeit, dass die Durchdringung der Gemeinde mit dieser neuen Kultur des Umgangs miteinander Zeit braucht. Es folgten in den kommenden drei Jahren weitere 10 Seminare mit insgesamt 84 Teilnehmern.

Zunächst konnten wir schnell die Sorge abbauen, dass auf einmal Arbeiten in der Gemeinde eingestellt werden müssten, weil die tragenden Mitarbeiter nur noch ihren Neigungen folgen würden. Nur zwei Mitglieder wechselten den Dienstbereich. Wir merkten aber auch, dass Beharrlichkeit vonnöten ist, um Mitarbeiter langfristig gabenorientiert einzusetzen.

21 der Teilnehmer entschlossen sich, die bestehenden Dienste zu unterstützen bzw. neue Herausforderungen anzugehen. Zum Beispiel haben wir neue Gebetsgruppen gegründet, ein Redaktionsteam für den Gemeindebrief gebildet, eine Homepage online gestellt, Arbeiten im administrativen und hausmeisterlichen Bereich neu auf breitere Schultern verteilt, eine Arbeit mit albani-

schen Kindern begonnen, neue Hauskreisleiter hinzu gewonnen und manches mehr.

Mindestens ebenso wichtig waren die D.I.E.N.S.T.-Seminare auch in anderer Hinsicht. Wir haben dadurch eine einheitliche Sprachregelung im Bereich »Mitarbeit« eingeführt und nachvollziehbare Qualitätsstandards für Mitarbeiter gewonnen. Ein konkretes Beispiel: Ein neuer Hauskreisleiter kann jetzt sagen, *warum* er die Verantwortung übernimmt (z. B. weil er bei sich eine Hirtenbegabung sieht und er gerne für seine »Schäfchen« betet), dass er aber Ergänzung braucht, weil es ihm schwer fällt, innovative Ideen einzuführen, die Gruppe zu teilen oder Wachstum zu planen. Er weiß, dass er sich als Hauskreisleiter für mindestens ein Jahr zur Verfügung stellen müsste und dass er im Kleingruppenleitertreffen an die Gemeinde Anbindung und Ausrichtung erfährt.

Erstaunt waren wir über die integrative Kraft der Seminare für Menschen, die neu in die Gemeinde kamen. Aus der Seminargemeinschaft erwuchsen darüber hinaus nicht selten Freundschaftsbeziehungen.

Eine weitere Folge war auch die Umstrukturierung der Gemeindeleitung, die jetzt klare Aufgabengebiete verantwortet und erkannt hat, dass die Mitarbeiterbegleitung eine wichtige Aufgabe ist. Die Umstrukturierung war nicht einfach, weil Satzungsänderungen nötig wurden und eine neue Wahlordnung erarbeitet und verabschiedet werden musste. Vorher war die Wahl in die Gemeindeleitung eine reine Vertrauenswahl, nun sind zusätzlich fachliche Kompetenz in einem Spezialgebiet und Teamfähigkeit als Kriterien hinzugekommen.

Wo D.I.E.N.S.T.-Seminare bei uns Bedarf aufzeigten:

▶ Es kamen vielfach Gründe ans Licht, warum jemand bisher nicht mitgearbeitet hat (Minderwertigkeitsprobleme, Erfahrungen mit dem Missbrauch von Macht, Bitterkeit, verlorene Vollmacht durch Sünde, Misserfolgserfahrungen u. ä.), die seelsorgerlich hätten aufgearbeitet werden müssen.

► Es werden Schulungsdefizite offenbar – »Ich will ja mitarbeiten, aber ich kann's nicht! Ich mag Kinder wirklich, habe aber noch nie eine Andacht vorbereitet. Das müsste ich erst lernen.«
► Strukturprobleme (unzureichende Räumlichkeiten, Satzung, kein Geld). Wir hatten zum Beispiel zu wenige Räume für unsere wachsende Arbeit mit Kindern. Wir mussten klären, ob Frauen bei uns lehren dürfen oder nicht. Wir mussten entscheiden, ob Freunde der Gemeinde, die nicht Mitglieder sind, Leitungsverantwortung tragen können. Wir konnten manche Idee im Rahmen der Öffentlichkeitsarbeit nicht realisieren, weil sie schlichtweg zu teuer war.

Schlussfolgerung: Die D.I.E.N.S.T.-Seminare fordern ein Netzwerk an begleitenden Maßnahmen, damit sie ihre gesamte Wirkung zeigen können. Es ist jedoch in einer kleinen Gemeinde oft gar nicht so schnell möglich, diese neuen Strukturen zu schaffen und Maßnahmen ins Leben zu rufen.

Nach der Auswertung der ersten Jahre mit den D.I.E.N.S.T.-Seminaren haben wir uns Folgendes vorgenommen:

► *Sorgfältigere Begleitung (Coaching) für Anfänger in einem Dienstbereich.* Aller Anfang ist schwer – darum sind Ermutigung und Hilfestellungen am Anfang sehr wichtig, bis ein neuer Mitarbeiter Sicherheit gewonnen hat und in sein Team integriert ist.
► *Eine Kultur für Beginn und Ende der Mitarbeit.* Indem wir die Mitarbeiter im Gottesdienst für ihre Arbeit segnen und ihnen am Ende öffentlich danken.
► *Klare Absprachen und Vereinbarungen über den Umfang der Mitarbeit und deren zeitliche Eingrenzung.* Oft entstehen Konflikte, weil die einzelnen Beteiligten unterschiedliche Erwartungen an eine Aufgabe haben. Jemand meldet sich für das Kochen nach einem Gästegottesdienst und merkt erst dann, dass er auch noch die Getränke besorgen soll, die Tische stellen und abwaschen soll.

▶ *Seelsorgerliche Begleitung von Mitarbeitern, die von D.I.E.N.S.T.-Seminaren enttäuscht sind.* Manche haben nach der Beratung neue Aufgaben kennen gelernt und festgestellt, dass sie doch nicht zu ihnen passen. Nach mehreren Anläufen stellen sich bei manchen Frustrationen ein, und sie brauchen jemanden, der sie ermutigt, weiter nach dem zu suchen, was für sie »dran« ist.

Wir vereinbaren am Ende eines jeden Seminars einen Termin, um drei oder vier Monate später in derselben Seminargemeinschaft die Erfahrungen auszuwerten und Freude und Frust zu teilen. Zusätzlich findet einmal im Jahr ein D.I.E.N.S.T.-Gesamtnachtreffen statt, zu dem alle eingeladen werden, die schon einmal an einem D.I.E.N.S.T.-Seminar teilgenommen haben. Bei diesen Treffen können wir die Vision erneuern, die Fortschritte in der Gemeinde feiern und allen herzlich für ihre Mitarbeit danken. Im vergangenen Jahr organisierten wir ein Treffen, bei dem die Gemeindeleitung für die Mitarbeiter gekocht und sie an festlich gedeckten Tischen bedient hat. Diese Feste tun den Mitarbeitern unendlich gut.

Last but not least, eine persönliche Konsequenz: Ich habe durch die D.I.E.N.S.T.-Seminare gemerkt, dass ich vielfach meine eigenen Interessen über die der mir anvertrauten Menschen gestellt habe, und habe infolgedessen eine Fortbildung als Coach im Kirchröder Institut begonnen. Ich möchte als Pastor lernen, besser hinzuhören, was den Menschen in meiner Gemeinde wichtig ist, weil ich damit oft auch erfahre, was Gott als Nächstes vorhat. Er führt die Menschen in die Gemeinde, die nötig sind, um den nächsten Wachstumsschritt vollziehen zu können.

Anke Wiedekind (ev. Andreasgemeinde Niederhöchstadt)

Dass D.I.E.N.S.T. langfristig die Gemeinde umwälzt, davon kann ich nur schwärmen. Unsere Gemeinde wäre nicht da, wo sie jetzt ist, wenn wir nicht konsequent auf Gabenorientierung gesetzt hätten. Sie besäße nicht so viel Strahlkraft, eine so positive Atmosphäre, so viele Mitarbeiter, so viele Arbeitsbereiche, so viel Motivation, wenn Menschen nicht mit Lust und Laune das täten, was sie gut können.

Doch zunächst ein paar Fakten. Wir begannen 1996 das erste D.I.E.N.S.T.-Seminar als Pilotprojekt und ab 1997 wurde D.I.E.N.S.T. als regelmäßiges Angebot zwei- bis dreimal im Jahr durchgeführt. Nicht auf dem klassischen Weg »top down«, sondern »bottom up«. Die Einführung wurde allerdings durch eine Predigtserie über Dienen vorbereitet und inhaltlich durch die Pastoren und den Kirchenvorstand unterstützt. Bislang gab es 15 Seminare mit etwa 250 Teilnehmern, über 50 davon aus anderen Gemeinden, die mittlerweile selbst D.I.E.N.S.T.-Seminare anbieten.

Seitdem hat sich vieles verändert: Die Zahl der Mitarbeiter ist gewachsen: von ca. 80 im Jahr 1996 auf jetzt 300, was auch ein Resultat von D.I.E.N.S.T. ist, denn in unsere Gemeinde kommen viele neue Menschen, die teils zögerlich, teils neugierig-interessiert ihre Berührungsängste mit Kirche abbauen. Sie suchen nach dem Glauben, der bei uns erfrischend anders präsentiert wird, aber sie suchen auch nach Menschen, Kontakten, Beziehungen. D.I.E.N.S.T. ist eine oft genutzte Einstiegsmöglichkeit; das Seminar bietet ja die Chance, Kontakte zu knüpfen und Zugang zu einem Team zu finden.

Gabenorientierte Mitarbeit ist mittlerweile im Bewusstsein der Gemeinde verankert und als einer von acht Werten in unserer Gemeindephilosophie festgehalten. Hilfreich ist, dass die Pastoren der Gemeinde gabenorientierte Mitarbeit vorleben. Dies ist jedoch auch immer wieder ein Stein des Anstoßes, wie ich dazu ehrlich sagen muss: Kritische Stimmen mahnen die Erfüllung von Pflichten an. Doch die ehrenamtlichen Mitarbeiter selbst suchen ganz gezielt und selbstbewusst nach Aufgaben, die ihnen entsprechen, und geben Aktivitäten ab, in denen sie sich nicht wiederfinden.[1]

Dass Mitarbeiter ihre Gaben entfalten können, erklärt ihre hohe Motivation, die auch von Außenstehenden sehr positiv wahrgenommen wird. Pfarrer Dr. Frank Löwe, der unsere Gemeinde im Rahmen des kirchlichen Besuchsdiensts unserer Landeskirche visitierte, schreibt in seinem abschließenden Bericht über die Mitarbeit bei *GoSpecial*, unserem Gottesdienst für Kirchendistanzierte: »Jedes Mal waren wir beeindruckt von der fantasievollen Gestaltung und von der Hingabe, mit der alle Beteiligten ihren Dienst versehen. Das liebevolle Engagement der Mitarbeiter zahlt sich in den Besucherzahlen aus. Dadurch ist Niederhöchstadt bekannt geworden und hat inzwischen zahlreiche Nachahmer gefunden.«

D.I.E.N.S.T. ist eine oft genutzte Einstiegsmöglichkeit; das Seminar bietet ja die Chance, Kontakte zu knüpfen und Zugang zu einem Team zu finden.

D.I.E.N.S.T. setzte aber auch einige wichtige Maßnahmen zur Mitarbeiterentwicklung in Gang. Zum Beispiel im Bereich der »Mitarbeitergewinnung«: D.I.E.N.S.T. ist zwar der Haupteingang zur Mitarbeit in der Gemeinde, es mussten aber auch Nebeneingänge geschaffen werden. Die »Traumjobbörse« ist einer davon. Sie erscheint mittlerweile monatlich und informiert über vakante Stellen in der Gemeinde. Sie bringt nicht so sehr direkte Erfolge für den Bereich, der annonciert hat, ist aber als Signal, dass es interessante Tätigkeiten in der Gemeinde gibt und Mitarbeit willkommen ist, ungemein wichtig. Viele Neulinge kommen durch die »Traumjobbörse« auf uns zu: »Ich habe gelesen, ihr sucht Mitarbeiter. Ich interessiere mich für ...« Ein weiterer Nebeneingang ist die Werbung des betreffenden Teams selbst. *GoSpecial* hat auf diese Weise 80 % seiner Mitarbeiter aus dem *GoSpecial*-Publikum rekrutiert. Nicht zu unterschätzen dabei ist die Ausstrahlung des Teams: Ein tolles Team zieht Mitarbeiter an.

Für die Entwicklung von Mitarbeitern war es wichtig, eine »Feedback-Kultur« einzuführen. In *GoSpecial*, aber auch in Gemeindeseminaren wurden regelmäßig die Eindrücke der Zuhörer bzw. Teilnehmer abgefragt. Die Mitarbeiter lernen, Kritik nicht als Angriff, sondern als Chance zu betrachten, um die Qualität ihrer Arbeit zu verbessern.

»4:1-Regel«: Jeder sollte viermal loben, bevor er ein Wort der Kritik äußert.

Im Gegenzug dazu bauen wir ein »Klima des Lobens und der Ermutigung« auf. Inspiriert von *Willow Creek*, haben wir die »4:1-Regel« aufgestellt: Jeder sollte viermal loben, bevor er ein Wort der Kritik äußert. Besondere Leistungen und besonderer Einsatz werden gefeiert und gewürdigt, die Mitarbeiter, die sich besonders engagiert haben, mit einem »Oscar« geehrt. Es ist ein symbolischer Dank bzw. Wertschätzung, der den Mitarbeitern gut tut.

Im vergangenen Jahr haben wir zum ersten Mal eine Mitarbeiterumfrage durchgeführt. Unsere Mitarbeiter hatten die Möglichkeit, zu allen Bereichen der Mitarbeit Stellung zu beziehen und Wünsche und Kritik zu äußern: zu der Führungskultur des Kirchenvorstands, zur Kommunikation, Teamarbeit, ihrer Arbeitsbelastung und Zufriedenheit mit ihrer Aufgabe. Die Ergebnisse waren hochgradig spannend und ergaben ...

1. ... dass die Mitarbeiter es wertschätzen, gefragt, gehört und ernst genommen zu werden.
2. ... dass sich manche Kritik als Mythenbildung herausstellte. Zum Beispiel äußerten Kritiker häufig, dass die Mitarbeiter überlastet seien. Tatsächlich gaben nur 15 % der Mitarbeiter an, dass ihnen die Arbeit zu viel sei. Und seitdem ist dieser Kritikpunkt merklich leiser geworden ...

3. ... dass manch leise geäußerte Unzufriedenheit mehr Gewicht hatte, als zuerst angenommen. Über den Zustand unserer Gemeinderäume wurde beispielsweise immer wieder einmal geschimpft: sie seien zu unordentlich; die Einführung von neuen Mitarbeitern in ihre Arbeitsbereiche klappe oft nicht und der Kommunikationsfluss fehle. Für viele ein ernsthafter Grund zur Demotivation. Gut, dass wir dies durch die Mitarbeiterbefragung deutlich gehört haben und jetzt daran arbeiten können!

4. ... und schließlich: dass 90 % der Mitarbeiter in ihrem Dienst Spaß hatten, 80 % sagten, dass die Aufgabe sie herausfordern würde, und 88 %, dass sie ihren Gaben entsprechend tätig waren.

In den 7 Jahren, in denen wir jetzt auf der Grundlage von D.I.E.N.S.T. arbeiten, haben wir viele Erfahrungen gemacht. Einige Tipps waren für uns sehr wertvoll:

1. *Bieten Sie D.I.E.N.S.T. in verschiedenen Formaten an*: als Crashkurse, Abendkurse, Freizeiten, für Jugendliche, Senioren, speziell für ein bestimmtes Team. Je flexibler das Angebot, desto größer die Chance, neue Mitarbeiter zu erreichen.

2. *Achten Sie bei den D.I.E.N.S.T.-Nachgesprächen auf Qualität*: Ganz entscheidend ist die Ausbildung der D.I.E.N.S.T.-Berater. Wir führen die Gespräche zu zweit: ein D.I.E.N.S.T.-Berater und ein Azubi-Berater. So findet das Training »on the job« statt.

3. *Führen Sie das Beratungsgespräch in einer Coaching-Beziehung weiter*: Nach D.I.E.N.S.T.-Seminar und Beratungsgespräch sind die Menschen offen, neugierig, mitten im Prozess. Verspielen Sie diese Chance nicht, indem Sie Mitarbeiter nur einsetzen, statt sie zu begleiten!

4. Kein praktischer, aber ein seelsorgerlicher Tipp: *Lernen Sie durch die D.I.E.N.S.T.-Seminare Gottes Schöpfungsreichtum und die Vielfalt Ihrer Gemeinde schätzen.* Für mich gehören D.I.E.N.S.T.-Seminare und besonders die Beratungsgespräche

zu den schönsten Erfahrungen in meiner Arbeit. Ich lerne die Einzigartigkeit und Vielfalt von Menschen kennen, bekomme Einblick in ihre ganz persönliche Reise durchs Leben und Gottes wunderbarer Reisebegleitung und darf ihnen helfen, ihren von Gott zugedachten Platz zu finden. Was für eine wunderschöne Aufgabe!

Kapitel 7

Ein persönlicher Brief an Pastoren

Oder: Wie Gott von Gemeinde träumt

L iebe Leserin, lieber Leser, wenn Sie hauptamtliche Pastorin bzw. Pastor sind, wurde dieses Kapitel vor allen Dingen für Sie geschrieben. Gott hat einen Traum für seine Gemeinde, und er hat alles Erdenkliche investiert, damit sein Traum wahr werden kann. Leider vergessen wir angesichts des Zustands unserer Gemeinden oft, was Gott bereits möglich gemacht hat. Lassen Sie sich packen von Gottes Vision, lassen Sie sich anstecken von seiner Leidenschaft für Gemeinde und lassen Sie in sich ein Bild für Ihre Gemeinde in ganz eigenen Farben und Formen entstehen.

Lieber Erwin,

ich muss dir unbedingt schreiben. Wir haben uns seit Jahren nicht gesehen, und das Schreiben hilft mir, meine Gedanken zu ordnen, ohne dass mir die Gegenwart ständig in die Quere kommt. Weißt du noch, wie wir uns in den Haaren gelegen haben und am nächsten Tag wegen theologischer Fragen beinahe zusammenschmolzen? Wir haben uns in die Begeisterung und in die Krise hineingesteigert. Wir wollten einander Bilder vom Leben mit Gott malen und haben uns gegenseitig dabei die Pinsel um die Ohren gehauen. Heute merke ich, dass wir eigentlich Gott selbst malen wollten.

Wir wollten Maler sein, dabei sind wir beide, du und ich, Farbtupfer in Gottes Traum von Kirche. Und damit bin ich bei dem Grund für meinen Brief angekommen. Ich habe ein Problem. In mir laufen die Gefühle Sturm, kreuzen, widersprechen sich. Je länger ich das Bild von Gottes Traum von Gemeinde betrachte, desto mehr freue ich mich darüber. Je mehr ich mich darüber freue, dass ich Teil dieses Gemäldes bin, desto dankbarer und gelassener werde ich. Und ich fühle mich besser, stärker, erfüllter, zufriedener. Du glaubst gar nicht, wie begeistert ich von diesem Traum Gottes bin. Ich kann nur erahnen, was alles in Gottes Vision von Kirche steckt, und selbst das haut mich schon um. Ich könnte stundenlang davon erzählen, was ich in diesem Bild sehe. Ich sehe lachende, selbstbewusste, aktive Menschen. Und sie stehen immer zueinander in Beziehung. Es gibt auch kein oben und unten in dem Bild, aber Bewegung und Leben ohne Ende.

Wir waren uns immer einig, dass der Mensch nach dem Bilde Gottes, als Spiegelbild des dreieinigen Gottes, geschaffen wurde. Also muss doch – und jetzt merke ich, wie es in mir zu brodeln beginnt – die Gemeinschaft der Menschen – die Kirche Jesu Christi – eine Summe dieser Abbilder der Liebe und Kreativität Gottes sein. Ein Mensch ein Abbild, die Gemeinde ein Regenbogen! Ein Mensch ein Klang, die Gemeinde eine Symphonie! Aber warum hängt der Himmel voller Wolken? Warum sehen wir so selten einen Regenbogen am Himmel?

Ich bin verwirrt, weil die Realität in der deutschsprachigen Gemeindelandschaft so ganz anders aussieht. Dabei war doch bei Adam und Eva alles in Ordnung. Beide hatten ihren Platz im Garten Eden. Alles war am richtigen Ort, ganz nach Gottes Vorstellung. Es gab nichts zu verstecken. Der Reichtum der Verschiedenartigkeit und die Genialität der einzelnen Geschöpfe waren beflügelnd, die Beziehungen auf allen Ebenen offen, klar und unbeeinträchtigt. Gott platzierte die Menschen, die Tiere, selbst Sonne, Mond und Sterne höchst präzise. Jedes Geschöpf im Paradies hatte seinen Platz, seine schöpfungsgemäße Aufgabe und Funktion und damit auch Wirkung.

> Ein Mensch ein Abbild, die Gemeinde ein Regenbogen! Ein Mensch ein Klang, die Gemeinde eine Symphonie! Aber warum hängt der Himmel voller Wolken? Warum sehen wir so selten einen Regenbogen am Himmel?

Ich weiß, was du jetzt sagst: Adam und Eva wollten wie Gott sein. Sie sahen, was sie nicht hatten, statt sich an dem zu freuen, was sie hatten. Sie machten Gott den Platz streitig. Sie sahen und hörten nicht auf seinen Traum vom Paradies. Der Sündenfall brachte alles durcheinander und zog Angst, Neid, Konkurrenz, den Geschlechterkampf und den Tod nach sich.

> Das Drama des Sündenfalls ist meiner Meinung nach nichts anderes als das Chaos, das entsteht, wenn niemand mehr weiß, wo sein Platz ist.

Stimmt. Und ich sage dir, dass die Gemeinde so lebt, als ob der Sündenfall das Ende des Liedes gewesen sei. Als ob die Frage Gottes immer noch im Raum stehe: »Adam, wo bist du?« Das Drama des Sündenfalls ist meiner Meinung nach nichts anderes als das Chaos, das entsteht, wenn niemand mehr weiß, wo sein Platz ist.

Die Bibel schreibt doch klar und deutlich: »Als die Zeit erfüllt war, sandte Gott seinen Sohn.« Gott selbst kam in Jesus Christus auf diese Welt, um uns einen neuen Platz in der heutigen und zukünftigen Welt zu schaffen. Jesus kam, um aus dem Chaos Raum zu schaffen, Raum für jeden und für die Gemeinschaft. Die neue Ordnung aber wurde durch die trinitarische Befreiung möglich.

Bevor du widersprichst: Jesus suchte sich zwölf Menschen aus und begleitete sie. Nach drei Jahren Jüngerschaftsprogramm mit dem menschgewordenen Gott waren sie durch die Gemeinschaft und das Leben mit Jesus geprägt, aber nicht wirklich verändert. Für diese grundlegende Veränderung und Erneuerung des Herzens waren Karfreitag, Ostern und Pfingsten nötig. Jesus sprach immer wieder von seinem Tod und seiner Auferstehung. Die Jünger wollten oder konnten es nicht hören. Er redete von dem Heiligen Geist, der kommen würde, wenn er diese Welt verlassen hatte. Die Jünger hatten nichts verstanden. Und doch, nach Pfingsten war alles anders. Was war in diesen 50 Tagen geschehen?

Die grundlegende Herzensveränderung der Jünger vollzog sich in drei Schritten.

1. Die Befreiung durch Jesu

Durch das Sterben von Jesus am Kreuz wurde die Trennung zwischen Gott und uns Menschen aufgehoben. Gott wurde durch Jesus zugänglich. Die Schuldfrage wird durch das Sterben von Jesus für den Einzelnen und für die Gemeinschaft gelöst.

Die Jünger waren zuerst noch nicht für diese Botschaft bereit. Sie zogen sich zurück und einige versteckten sich sogar. Wie Adam und Eva. Andere gingen in ihren ursprünglichen Beruf zurück. Sie fanden ihren Platz im Reich Gottes auch nach Karfreitag immer noch nicht.

2. Die Befreiung durch den Vater

Am Ostermorgen wurde Jesus durch die Kraft Gottes zu neuem Leben erweckt. Neues Leben wird durch die Kraft Gottes für alles Kalte, Tote und Hoffnungslose möglich! Durch das erste Wunder der Befreiung eröffnete Jesus den Zugang zum Vater. Durch das zweite ermöglicht nun dieser neues Leben durch seine Auferstehungskraft. Jesus erschien den Jüngern nach der Auferstehung in ihren Verstecken, in ihrer Isolation und in ihren alten Berufen. Sie staunten, waren fasziniert, ergriffen und berührt von Jesus. Hoffnung und Glaube kehrten zurück. Und er öffnete ihnen ein neues Verständnis, erklärte ihnen nochmals alles rückwärts und vorwärts. Dann sandte er sie nach Jerusalem mit dem Versprechen: »Ihr werdet die Kraft des Heiligen Geistes erhalten und werdet meine Zeugen sein ...«

3. Die Befreiung durch den Heiligen Geist

Die dritte Befreiung, der dritte Schritt der Lebensveränderung durch Jesus, geschah an Pfingsten, als der Heilige Geist sie erfüllte und mit ihm die Gaben des Geistes. Karfreitag und Ostern wurden durch den Heiligen Geist und seine Gaben erst zur wirksamen Realität für sie und die ganze Welt. Der Heilige Geist machte ihnen die Wirkung der Auferstehungskraft, das ganz neue Leben erst zugänglich. Dieselben Jünger, die den gefangenen Jesus im Stich gelassen und vor dem eigenen Volk verleugnet hatten, begannen einige Wochen später vor dem gleichen Volk »Zeugen zu sein«, jeder mit der Gabe, die ihm Gott gegeben hatte.

Ich weiß, dass dir die Apostelgeschichte nicht so liegt. Ich kann mich noch gut an den Abend erinnern, an dem wir uns über die Frage stritten, ob der Heilige Geist heute noch in der gleichen Art wirkt wie damals. Heute zeigt mir das Bild von Gottes Traum etwas ganz anderes: Ich sehe kraftvolle Wirkung. Nicht isoliert, von irgendwoher, irgendwann einmal und unerklärbar. Ich sehe Menschen in ihrem Element, eben an dem Platz, für den Gott sie geschaffen und ausgerüstet hat. Kein Buhlen um den besten Platz im Himmel, wenn Jesus gerade nicht zuhört. Nicht mehr mein Ego, die Hierarchie und der Geschlechterkampf bestimmen die Platzsuche. Nur der Heilige Geist und meine Gaben steuern die Platzanweisung. Die Folgen sind in der Apostelgeschichte nachzulesen.

Mich macht es traurig, dass so wenige das gesamte Bild sehen wollen oder sich abwenden, bevor es in ihnen zur vollen Entfaltung kommen kann. Ich habe das Gefühl, dass Karfreitag den Christen in Fleisch und Blut übergegangen ist, Ostern für viele zum befreienden Erlebnis der Hoffnung auf ewiges Leben geworden ist – und über Pfingsten wird nur gepredigt.

Du kennst doch Petrus. 50 Tage nach dem Erlebnis mit dem leeren Grab stellt er sich vor dasselbe Volk, das ihn vorher in Angst und Schrecken versetzt hatte, und predigt. Und wir beide haben gelesen, dass sich an diesem Tag 3 000 Menschen demselben Jesus zuwandten, den sie gekreuzigt hatten. Der Heilige Geist hat Petrus den Platz zugewiesen, an den er gehört und an dem er etwas bewirken kann. Eines musst du wissen: Mit Pfingsten entstand die Gemeinde Jesu. Und seit Pfingsten sind die Auferstehungskraft des Vaters, die Versöhnungskraft des Sohnes Jesus Christus und die Befähigung durch den Heiligen Geist und seine Gaben höchst entscheidend wirksam. Die trinitarische Befreiung findet seit Pfingsten den Durchbruch.

Ich finde es zum Heulen. Hör dir an, was zum Beispiel Christian A. Schwarz sagt: 80 % der heutigen Christen leben nicht den Traum Gottes, weil sie ihre geistlichen Gaben nicht kennen. Über Gaben wird bis zum Abwinken gepredigt, aber eingesetzt werden sie nicht, wie es zum Beispiel in 1. Korinther 12 bis 14 steht. Die Kirche müsste vor Liebe und Begeisterung geradezu explodieren. Kirchen müssten aus allen Nähten platzen, aus dem trinitarischen Durchbruch heraus. Wie sie dies zu Beginn auch tat (Apostelgeschichte 2 f.).

Selbst dein Paulus, dein heiß geliebter Paulus mit seiner Grad-linigkeit, mit seiner kompromisslosen und zuweilen provokativen Art, malt ein Bild von Gemeinde. Sehr detailliert, mit sehr klaren Linien, in satten Farben und Konturen, die von jeder und jedem verstanden werden können. Für Paulus ist Gemeinde ein Orga-nismus, ein Leib. Christus ist der Kopf, die Gemeinde der Körper. Dieser Körper besteht aus einer Vielzahl von Extremitäten, Weich-teilen, Organen, Muskeln, Haut und Haaren. Jede Zelle ist unver-zichtbarer Teil des Ganzen. Jedem Teil des Körpers wurde eine ganz bestimmte Funktion zugeordnet – und jeder Teil ist dieser Funktion entsprechend geformt, ausgerüstet und platziert. Aber warum leben wir das nicht in unseren Gemeinden? Warum sehen wir Pastoren es nicht als unsere Hauptaufgabe an, Menschen in ihre Berufung hineinzuführen? Warum vergeuden wir unsere Zeit mit anderen – bestimmt auch sinnvollen – Aufgaben, anstatt uns auf unsere vordringlichste Aufgabe zu kümmern: unsere Gemeindeglieder freizusetzen und zu bevollmächtigen, sie in die Berufung zu führen, die sich Gott für sie wünscht?

Ich weiß, dass das Pfarrerbild heute immer noch ein ganz anderes ist. Du erzählst ja selbst, dass die Gemeinde von dir erwartet, dass du alles selbst machst: die Krankenbesuche, Gottes-dienste, Kasualien, Predigten, Konfi-unterricht ... Wo soll man sich da noch die Zeit nehmen, Menschen bei der Ent-deckung ihrer Gaben behilflich zu sein und sie zu schulen?

Wenn wir nicht radikal unser eigenes Bild vom Pfarrer ändern und wenn wir nicht radikal traditionelle Erwartungen an »den Pastor« enttäuschen, werden wir kaum ein Bruchteil von Gottes Traum von Kirche umsetzen können.

Ich sag dir eins, lieber Erwin, wenn wir nicht radikal unser eigenes Bild vom Pfarrer ändern und wenn wir nicht radikal traditionelle Erwartungen an »den Pastor« enttäuschen, werden wir kaum ein Bruchteil von Gottes Traum von Kirche umsetzen können, wie wir es in diesem Buch gelesen haben. Wir sind doch auch nur Menschen, denen am Tag nur 24 Stunden zur Verfügung stehen. Wir sind diesen Weg in unserer Gemeinde gegangen. Gottes Traum von Gemeinde hat uns gepackt und wir wollen möglichst viel davon hier umsetzen. Nein, es war ganz bestimmt kein leichter Weg. Es hat viel Kraft gekostet und einige Tränen. Aber es lohnt sich.

Erwin, das ist einer der Kernpunkte des Evangeliums! Gott hat sich entschieden. Er hat sich an seine Kirche gebunden. Die Gemeinde ist die Braut Christi. Die Gemeinde ist die Botschaft Gottes an diese Welt. Wenn die Menschen die Gemeinden sehen, sollen sie sagen: »Wow! Was ist das nur für ein Gott, der unter ihnen wirkt!« Wo Menschen durch die Sprengkraft der trinitarischen Befreiung (Karfreitag, Ostern, Pfingsten) zusammenleben und -wirken, da wird Jesus Wirklichkeit. Das ist Gottes Plan A zur Errettung dieser Welt. Und so weit ich weiß, hat er keinen Plan B in der Tasche. Du und ich, wir sind gefordert. Was für ein Vorrecht, oder?

**Herzlich,
dein Georges**

Anmerkungen

Vorwort
1 Apostelgeschichte 2,42.47; Hoffnung für alle

Kapitel 2
1 Zitiert nach Burghard Krause: »Auszug aus dem Schnecken-haus«, Aussaat Verlag, S. 191.
2 Vgl. Matthäus 5,15
3 Vgl. auch Jesaja 43,3–4: »Ich habe dich erlöst, weil du in mei-nen Augen so wert geachtet und auch herrlich bist und weil ich dich lieb habe.«
4 Klaus Douglass: »Die neue Reformation«, Kreuz Verlag, S. 145.
5 Michael Herbst: »Und sie dreht sich doch«, Projektion J, S. 73.
6 Römer 12,3; Luther
7 2. Korinther 12,5.9; Luther
8 1. Korinther 12,22
9 Stephan Holthaus: »Trends 2000«, Brunnen Verlag, S. 68.
10 Matthäus 22,37; Luther
11 Matthäus 28,19–20; Luther
12 Psalm 100,2
13 Thomas J. Neff/James M. Citrin: »Von den Besten lernen«, Ver-lag moderne industrie, S. 167–168.
14 Epheser 4,11–12; Luther
15 Richard Rohr, in: Dietrich Koller: »Heilige Anarchie«, Clau-dius Verlag, S. 207 ff.

Kapitel 3

[1] 1. Korinther 12,11; Hoffnung für alle, S. 78.

Kapitel 4

[1] 1. Korinther 12,18; Hoffnung für alle
[2] 1. Korinther 12,1; Hoffnung für alle
[3] Christian A. Schwarz: »Die drei Farben deiner Gaben«, C & P Verlag, S. 110.

Kapitel 5

[1] Erhältlich bei Gerth Medien, Asslar, oder den Geschäftsstellen von Willow Creek Deutschland und Schweiz.
[2] 1. Korinther 12,25–26; Hoffnung für alle
[3] Dieser wurde bereits in Kapitel 3 beschrieben.

Kapitel 6

[1] Der langfristige Bewusstseinswandel spiegelt sich auch in den Ergebnissen des Gemeindetests von Christian A. Schwarz wieder. Von 95 bis 98 stieg der Wert um 15 Prozentpunkte.